对外汉语短期强化系列教材

A series of Chinese textbooks for short-term intensive training programs for foreigners

SHORT-TERM READING CHINESE

第二版
2nd Edition

汉语阅读速成

中级篇
Intermediate

朱子仪 ■ 编著

北京语言大学出版社
BEIJING LANGUAGE AND CULTURE
UNIVERSITY PRESS

© 2011 北京语言大学出版社，社图号 11029

图书在版编目（CIP）数据

汉语阅读速成．中级篇／朱子仪编著．—2 版．—北京：北京语言大学出版社，2011.4（2024.4 重印）
对外汉语短期强化系列教材
ISBN 978-7-5619-2990-2

Ⅰ．①汉…　Ⅱ．①朱…　Ⅲ．①汉语－阅读教学－对外汉语教学－教材　Ⅳ．① H195.4

中国版本图书馆 CIP 数据核字（2011）第 048547 号

汉语阅读速成·中级篇　第二版
HANYU YUEDU SUCHENG·ZHONGJI PIAN　DI-ER BAN

责任印制：周　燚	封面制作：张　静

出版发行：北京语言大学出版社
社　　址：北京市海淀区学院路 15 号，100083
网　　址：www.blcup.com
电子信箱：service@blcup.com
电　　话：编 辑 部　8610-82301019/3393/3700
　　　　　国内发行　8610-82303650/3591/3648
　　　　　海外发行　8610-82303365/3580/3668
　　　　　北语书店　8610-82303653
　　　　　网购咨询　8610-82303908
印　　刷：北京富资园科技发展有限公司

版　次：2011 年 4 月第 2 版	印　次：2024 年 4 月第 8 次印刷
开　本：787 毫米 × 1092 毫米　1/16	印　张：11.25
字　数：172 千字	定　价：35.00 元

PRINTED IN CHINA
凡有印装质量问题，本社负责调换。售后 QQ 号 1367565611，电话 010-82303590。

修订说明

作为"对外汉语短期强化系列教材"的组成部分,《汉语阅读速成》系列教材自 2002 年出版以来,以其系统、明快的形式和注重课堂教学实效的内容,受到海内外汉语教学界的普遍欢迎,被北京语言大学汉语速成学院以及国内外其他院校和自学者广泛采用。2002 年出版的《汉语阅读速成》共 4 册,包括《基础篇》、《提高篇》、《中级篇》和《高级篇》,2004 年又补充编写了《入门篇》,从而形成了《汉语阅读速成》从初级到高级共 5 册的阶梯式系列教材。

《汉语阅读速成》系列教材出版八年来,中国的社会状况有了很大的变化,新闻媒体和公众关注的热点问题在不断更新,需要以一些新的内容和词汇来替代教材中已经过时的、旧的内容和词汇,以增强教材的时效性和教学的实用性。在教材使用过程中,我们也发现,在课文、注释和练习等环节有某些不妥之处。因此我们对教材进行了认真的修订。这次修订保持了 2002 年版的整体框架和基本特色,同时力求使修订后的教材能适应汉语国际推广的形势,在更高的水准上满足海内外从事汉语教学(尤其是短期强化教学)的教师和学习者的需要。

编 者

2010 年 12 月

前　言

本教材是《汉语阅读速成》系列教材的中级篇，是整套教材的第四个台阶。

《汉语阅读速成》是一套供短期进修和速成课程使用的，以提高汉语阅读技能为目的的阶梯式、组合式系列教材，同时也是《汉语口语速成》系列和《汉语听力速成》系列（北京语言大学出版社出版）的配套教材。全套教材共分5册——《入门篇》、《基础篇》、《提高篇》、《中级篇》和《高级篇》，教材难度相当于汉语水平等级的2~5级。每册教材设12课，供暑期进修班或6~10周的短期班使用。

所谓阶梯式是指各分册具有较明显的等级特征，词汇和语言点都参照相应的汉语等级标准。所谓组合式是指各分册可组合起来，供学习时间较长的进修生使用。比如，将第一二分册、第二三分册、第三四分册或第四五分册两两相组合，可分别供半年制（即一个学期）相应等级的教学班使用。全套五个分册构成一个相对完整的系统，力求在对学生阅读技能的培养和提高方面有所突破。

本套教材的编写根据短期生的特点，以增强学生对汉语篇章和段落的阅读理解能力为主，细读和快读结合，并在练习编写中将中高级HSK阅读部分的典型题型融合其中；在较短的学习时间内使学生接触尽可能多的汉语书面语的典型篇章，熟悉其中常用词语和句式的用法，引导学生学会运用与提高阅读效率有关的阅读策略（如预测、选择、推断等），以增强阅读理解能力。教材所选课文不仅题材广泛、风格多样，而且对当代中国社会生活各方面的话题、热点问题有较广泛的覆盖，有助于学生熟悉和掌握与语言学习相关的社会文化背景知识。

《汉语阅读速成》各册的基本编写体例如下：

每课基本都由细读部分和快读部分构成，两个部分各包含生词、注释、课文和练习等内容。

生词部分放在课文之前，便于学生课前进行预习，同时也是为了强调学生对生词的预习。生词部分前三册包括词表、拼音、词性和英文翻译，后两册包括词表、拼音、词性和中文解释。考虑到各册相对独立的特点，各册所出生词有一定数量的重复。

注释部分主要涉及典型书面语句式、重要词语用法、词语搭配和社会文化背景知识。

为适应相应的等级标准，本套教材第二版的课文大都作了一些改动，但除了《入门篇》之外，其他各册的课文一般不作过多的改写，允许一定程度的越级现象存在，使课文尽可能体现汉语书面语的典型面貌。中级阶段的课文短小精练，高级阶段的课文也不是太长，能集中体现和展示汉语文体的特点。每一分册的课文都对相应等级的词汇和语言点有较大比例的涵盖。无论是细读部分还是快读部分，本套教材的课文都标明了字数，并参照相应等级的阅读要求规定了阅读时间，每篇课文的答题时间是根据所给练习的量和难度而定的。《基础篇》每课后的补充课文，是针对短期生汉语水平差异较大的复杂情况而设定的，教师可以根据学生的具体情况灵活取舍。

练习部分体现阅读课的教学方式。练习一般紧紧围绕课文进行，突出对内容的理解，也可通过练习对重要书面语句式、词语的用法进行展示和强化，便于学生掌握。练习形式力求灵活多样，部分练习形式模仿 HSK 中高级阅读部分的典型题型。

每册教材编出一份生词表，标出每个生词的拼音、词性及所在课的课数，以备查阅。每册教材最后附有部分练习参考答案，便于学生自行进行阅读训练。

我们对任课教师提出如下教学建议：

每课教学时间为 4 学时。前 2 学时用于细读部分的练习，对课文中重要句式、词语的讲练及对妨碍理解的难点的讲解；后 2 学时用于快读部分的练习，对课文难点的讲解。

为了突出阅读课的课型特点，提高课堂阅读练习的实效，课前只要求学生预习生词，不必预习课文，练习也都在课堂上的规定时间内完成，但要求学生课后进行认真复习。

鉴于短期留学生的复杂情况，教师在使用本套教材时可以有一定的灵活性，可根据学生的具体情况对做细读或快读练习的时间进行相应的调整。

编　者

目 录 Contents

第一课　Lesson 1　　　　　　　　　　　　　　　　　　　　(1)

细读课文　消失的家书

快读课文　最后一顿饺子

第二课　Lesson 2　　　　　　　　　　　　　　　　　　　　(12)

细读课文　沙漠的"生命史"

快读课文　桂林山水甲天下

第三课　Lesson 3　　　　　　　　　　　　　　　　　　　　(22)

细读课文　请珍爱我们的生存环境

快读课文　家庭出游，温馨千万家

第四课　Lesson 4　　　　　　　　　　　　　　　　　　　　(32)

细读课文　四十不惑

快读课文　（一）年龄大了，机会少了

　　　　　（二）改变不一定是坏事

第五课　Lesson 5　　　　　　　　　　　　　　　　　　　　(46)

细读课文　妻子语录

快读课文　我不想做爸爸

第六课　Lesson 6　　　　　　　　　　　　　　　　　　　　(61)

细读课文　"标准化"生活

快读课文　让我们留住暖色的回忆

| 第七课 | Lesson 7 | (74) |

细读课文　痛苦的游戏
快读课文　（一）与时间面对面
　　　　　（二）放松自己

| 第八课 | Lesson 8 | (89) |

细读课文　不干不净，不爱生病
快读课文　食素，一种时尚

| 第九课 | Lesson 9 | (101) |

细读课文　孩子，你会不会跟陌生人走？（一）
快读课文　孩子，你会不会跟陌生人走？（二）

| 第十课 | Lesson 10 | (115) |

细读课文　网虫状态
快读课文　接触新人类

| 第十一课 | Lesson 11 | (129) |

细读课文　高考作文考完了，谁的心里也没谱儿
快读课文　别折断孩子想象的翅膀

| 第十二课 | Lesson 12 | (142) |

细读课文　城南旧事
快读课文　一分钟的小站

生词表　Vocabulary (157)

部分练习参考答案 (167)
Answer key to some exercises

第一课　Lesson 1

细读部分

生　词

1.	家书	jiāshū	（名）	写给家里的信。
2.	忽视	hūshì	（动）	不注意；不重视。
3.	涉及	shèjí	（动）	关联到。
4.	省事	shěng shì		方便；不费事。
5.	快捷	kuàijié	（形）	（速度、动作）快。
6.	毕竟	bìjìng	（副）	到底，表示归根究底所得到的结论。
7.	翻阅	fānyuè	（动）	翻着看（书籍、文件等）。
8.	闲暇	xiánxiá	（名）	空闲的时间。
9.	孝心	xiàoxīn	（名）	孝顺的心意。
10.	团聚	tuánjù	（动）	家里人相聚。
11.	排遣	páiqiǎn	（动）	借某种事消除（寂寞和烦闷）。
12.	亲昵	qīnnì	（形）	十分亲密。
13.	古朴	gǔpǔ	（形）	朴素而有古代的风格。

注　释

① 神州大地

战国时有人称中国为"赤县神州"，后世把"神州"用做中国的代称。

2 图

贪图。如：图省事、图便宜。

3 逢年过节

泛指过年、过节的时候。逢，遇到。

4 家书抵万金

出自唐朝诗人杜甫《春望》中的诗句："烽火连三月，家书抵万金。"抵，相当，能代替。

课 文

消失的家书

字数：924字　　阅读时间：7.5分钟　　答题时间：18分钟

十年前，一曲《常回家看看》唱遍神州大地，唱出了父母对儿女们的思念。然而，远在他乡工作学习的子女很难做到"常回家看看"。他们越来越喜欢用电话而不是家书问候父母，报一声平安，忽视了家书的价值和作用。如今，已几乎没有人再用写家书的形式与父母交流了。饱含着厚重情感的家书消失了。

一位河南老人在来信中说："我的两个儿女都不在身边，我盼望着他们的电话，更盼望着他们的来信，因为在电话里很少涉及的内容在信中可以得到很好的表达，读起来能得到更大的满足，使我长久不能忘记。遗憾的是，他们现在只图省时省事，越来越懒得动笔，很少写封信来。"

电话快捷方便，有闻其声如见其面的效果，但毕竟受时间和空间的限制，受经济收入的制约，而且通话的内容不容易保存，父母想再回味回味儿女的情义，却没有办法将动听的话语留住。书信则不同，不受时间的限制，不必过多考虑费用的问题，有话则长，无话则短，国事、家事、喜事、忧事、烦心事……都可以尽情诉说。

家信便于保存，可以时常拿出来翻阅，这大约是它最让人接受的地方。当父母闲暇无事、寂寞孤独的时候；当父母患病，儿女不能时时陪伴身边，尽晚辈孝心的时候；当子女逢年过节，因故不能回家团聚的时候，老人翻阅以往的来信，就有与儿女倾心交谈的感觉，精神上会得到莫大的安慰。如果按信的时间先后顺序来阅读，父母还可以了解子女的思想变化，并且及时发现问题，给予必要的指导，可以帮助他们走出误区，使他们尽快适应新环境、新生活。同时，父母还可以从中看到孩子们的成长和进步，这恰恰是长辈们最希望看到的，会给老人以最大的安慰。

"家书抵万金"。中青年朋友们，特别是远在异地他乡不能"常回家看看"的孩子们，切莫只满足于打个电话报一声平安，寄一张贺卡道声祝愿。建议大家抽点儿时间，找点儿空闲，拿起笔来，问问老人有什么心愿，帮助老人排遣忧虑与孤独，把自己的工作、学习、生活情况细细地向父母讲一讲，满足一下远方父母的企盼。

亲爱的老年朋友，在您的生活中，当儿女不在身旁时，您是喜欢从电话中听到儿女亲昵的呼唤，还是更愿意收到那古朴的、沉甸甸的家书，跟孩子们说说你们的心愿呢？

面对当今现代化的通信设备和手段，传统家书被忽视是否是一种遗憾呢？

（选自《中国电视报》，有改动）

练 习

1. 根据课文内容选择正确答案:

(1) 与电话相比,为什么老人更喜欢家书?

　　A. 家书不受时间和空间的限制

　　B. 家书让人长久不能忘记

　　C. 家书不但省时省事,而且便宜

　　D. 家书可以表达思想感情

(2) 关于电话的缺憾,文中没有提到:

　　A. 受时间限制　　　　　B. 受经济条件的限制

　　C. 通话内容受到限制　　D. 不容易保存

(3) 书信给老人们带去的最大安慰是什么?

　　A. 从中看到孩子的成长和进步

　　B. 了解子女思想感情上的变化

　　C. 及时发现子女的问题,给予必要的指导

　　D. 看到长辈们最希望看到的事

(4) 作者在本文中主要想表达什么?

　　A. 家书和电话的区别

　　B. 家书比电话更实用、便捷

　　C. 老年人对家书和电话的态度

　　D. 家书有着电话不可替代的作用

2. 根据课文内容回答问题:

(1)《常回家看看》这首歌为什么反响那么大?

(2) 电话的利弊各有哪些?

(3) 书信与电话相比有何优势?

(4) 作者希望远在外地的中青年朋友怎么做?

(5) 为什么作者称家书为"沉甸甸的家书"?

(6) 你认为家书和电话哪个更亲切?你在生活中是怎么做的?

(7) 你收到家人、朋友的书信与接到他们的电话时的感觉有何不同?你更喜欢哪种方式?

3. 根据课文内容，选择合适的词语填空：

(1) 十年前，一曲《常回家看看》_____神州大地，唱出了父母对儿女们的思念。

    A. 唱到   B. 唱遍   C. 唱全   D. 全唱

(2) 然而，远在_____工作学习的子女很难做到"常回家看看"。

    A. 他乡   B. 他地   C. 远地   D. 乡下

(3) 他们越来越喜欢用电话而不是家书问候父母，报一声平安，_____了家书的价值和作用。

    A. 轻视   B. 疏忽   C. 省略   D. 忽视

(4) 电话快捷方便，但_____受时间和空间的限制，受经济收入的制约。

    A. 毕竟   B. 究竟   C. 竟然   D. 终于

(5) 电话通话的内容不容易_____，父母想再回味回味儿女的情义，却没有办法将动听的话语留住。

    A. 保护   B. 存在   C. 保存   D. 保持

(6) 书信则不同，不受时间的限制，不必_____考虑费用的问题，有话则长，无话则短。
   A. 很多　　　B. 过多　　　C. 多多　　　D. 多么

(7) 国事、家事、喜事、忧事、烦心事……都可以尽情_____。
   A. 告诉　　　B. 说话　　　C. 讲话　　　D. 诉说

(8) 家信便于保存，可以时常拿出来_____，这大约是它最让人接受的地方。
   A. 阅读　　　B. 翻阅　　　C. 阅览　　　D. 查阅

(9) 老人翻阅以往的来信，就有与儿女倾心交谈的感觉，精神上会得到_____的安慰。
   A. 莫大　　　B. 太大　　　C. 强大　　　D. 巨大

(10) 父母可以帮助子女走出误区，使他们_____适应新环境、新生活。
   A. 尽快　　　B. 尽量　　　C. 尽情　　　D. 尽力

(11) 父母还可以_____看到孩子们的成长和进步，这恰恰是长辈们最希望看到的。
   A. 其中　　　B. 从中　　　C. 中间　　　D. 里面

4. 解释下列画线词语或句子的意思：

(1) 他们越来越喜欢用电话而不是家书问候父母，<u>报一声平安</u>。
(2) 因为在电话里很少<u>涉及</u>的内容在信中可以得到很好的表达。
(3) 他们现在只图省时省事，越来越<u>懒得动笔</u>，很少写封信来。
(4) 电话快捷方便，有<u>闻其声如见其面</u>的效果。
(5) 书信则不同，不受时间的限制，不必过多考虑费用的问题，<u>有话则长，无话则短</u>。
(6) 当父母闲暇无事、寂寞孤独的时候，老人翻阅以往的来信，就有与儿女倾心交谈的感觉，精神上会得到<u>莫大的安慰</u>。
(7) 远在<u>异地他乡</u>不能"常回家看看"的孩子们，<u>切莫</u>只满足于打个电话报一声平安。

快读部分

生 词

1.	偏偏	piānpiān	(副)	表示事实跟希望的相反。
2.	挽留	wǎnliú	(动)	使要离去的人留下。
3.	归心似箭	guīxīn sì jiàn		比喻想马上回到家或返回原地。
4.	毅然	yìrán	(副)	坚决地；毫不犹豫地。
5.	洋溢	yángyì	(动)	（情绪、气氛）充分地流露。
6.	气氛	qìfēn	(名)	一定的环境给人某种强烈感觉的精神表现或景象。
7.	孤苦伶仃	gūkǔ língdīng		形容孤独困苦，无依无靠。
8.	凄凉	qīliáng	(形)	（环境、景物）寂寞冷清。
9.	悲伤	bēishāng	(形)	伤心。
10.	蒸腾	zhēngténg	(动)	（气体）上升。
11.	斟	zhēn	(动)	往杯子里或碗里倒（酒、茶）。
12.	脑溢血	nǎoyìxuè	(名)	脑出血。
13.	遗物	yíwù	(名)	死者留下的东西。
14.	弥补	míbǔ	(动)	把不够的部分补足。

注 释

四海为家

形容可以适应任何地方的生活。四海，指全国各地、到处。

课 文

最后一顿饺子

字数：855字　　阅读时间：4.5分钟　　答题时间：16分钟

有一年，我回家探亲，偏偏得赶在春节前回东北。爸爸妈妈没有挽留我，早看出我归心似箭，可我看出他们老两口的心情了吗？

那时候，我去了东北，弟弟去了西北，都是一副四海为家的样子。家里却只剩下他们老两口，守着孤寂冷清的小屋。马上就要过春节了，他们却没有一个孩子在身边。我和弟弟已经离开家快六年了，年年春节都没在家里过过。分别六年之久，好容易回一趟家，却要在节前赶回！但是当时，我就那样毅然决然地离开了家。原因很简单，那时我正在恋爱，姑娘在东北等着我。人有时候是很自私的，就连爹妈都赶不上自己的事重要，这不是自私吗？可当时我并没意识到这些。

北京城里洋溢着节日的气氛，我提着行李登上了北去的列车。有三个同学到火车站为我送行，他们什么也没有说，只是默默地把我送上火车，望着车开走。后来我才知道，当列车在他们的视线中消失之时，他们约定各自买好面粉、肉馅、韭菜和酒，到我家里和我的爸爸妈妈一起包饺子，陪伴老两口过了一个春节。对我家中只剩下孤苦伶仃的两个老人凄凉、悲伤地过年，他们实在看不下去，尽了我本该去尽的孝道。

可那时候我正在隆隆的火车上，奔驰在途中，对爱情充满着向往，竟一点儿也没想到春节家中应该有人陪父母包一顿饺子。真的，一点儿都没有想到。

我到现在也想象不出爸爸妈妈吃的那一顿饺子是一种什么样的滋味。面对的不是自己的儿子，而是儿子的同学，那饺子煮在滚沸的锅里，蒸腾的热气飘满家里的小屋，酒杯斟满的时候，会是一种什么样的情景？爸爸妈妈又会是一种什么样的心情？

现在，每逢想到这件事，我的心里都格外难受。因为那是爸爸的最后一顿饺子。就在那一年春节后，爸爸突患脑溢血，一个跟头摔倒在花园里，再也没有起来。

整理爸爸的遗物，看到爸爸的日记。爸爸的晚年很少记日记，那日记是记在一个记事本里，只有为数不多的几篇简单的日记，但其中一页特意记载着，在孤独无助之时，那个春节给予他那么多难得的温暖、欢乐和感慨。我这才知道，世上有些事情命中注定是一次性的，是无法弥补的，并且会使你悔恨终生。

(选自《中外书摘》，肖复兴文，有改动)

练 习

1. 根据课文内容判断正误：
(1) 作者的父母并不想留他在家过春节。　　　　　　　　　　（　　）
(2) 其实作者当时也非常想留下过节。　　　　　　　　　　　（　　）
(3) 作者因为恋人的原因而没在家过节。　　　　　　　　　　（　　）
(4) 他的同学对他的做法非常不满。　　　　　　　　　　　　（　　）
(5) 虽然作者不在，但那个春节，作者的父亲还是感到了温暖与欢乐。
　　　　　　　　　　　　　　　　　　　　　　　　　　　　（　　）
(6) 作者对当年的做法至今感到悔恨。　　　　　　　　　　　（　　）

2. 画线连接下列动词与宾语：

挽留	病
充满	过失
登上	客人
陪伴	遗物
尽	帮助
整理	向往
给予	列车
斟满	孝道
患	父母
弥补	酒杯

3. 根据课文内容回答问题：

(1) 那年春节作者为什么不能在家里过？他父母对此事是什么反应？

(2) 作者为什么觉得自己很自私？

(3) 作者的同学约好要一起做什么？

(4) 回想这件事，作者心里是什么感受？

4. 用自己的话简单讲述一下这个故事。

5. 讨论：

(1) 如果你是作者、作者的父母或作者的同学，你会怎么做？

(2) 用你自己的话，谈谈对《常回家看看》（歌词）的理解。

附录：

《常回家看看》 （歌词）

找点空闲，找点时间，
领着孩子，常回家看看。
带上笑容，带上祝愿，
陪同爱人，常回家看看。
妈妈准备了一些唠叨，
爸爸张罗了一桌好饭。
生活的烦恼跟妈妈说说，
工作的事情向爸爸谈谈。
常回家看看，回家看看，
哪怕帮妈妈刷刷筷子，洗洗碗。
老人不图儿女为家做多大贡献，
一辈子不容易，就图个团团圆圆。
常回家看看，回家看看，
哪怕给爸爸捶捶后背，揉揉肩。
老人不图儿女为家做多大贡献，
一辈子总操心，就奔（bèn）个平平安安。

第二课　Lesson 2

细读部分

生　词

1.	奢侈	shēchǐ	（形）	花费大量钱财追求过分享受。
2.	豪华	háohuá	（形）	（建筑、设备或装饰）十分华丽。
3.	陵墓	língmù	（名）	帝王的坟墓。
4.	埋葬	máizàng	（动）	掩埋尸体。
5.	婉转	wǎnzhuǎn	（形）	（歌声、鸟鸣声等）非常动听。
6.	变迁	biànqiān	（动）	情况或阶段的变化转移。
7.	垦荒	kěnhuāng	（动）	开垦荒地。
8.	节制	jiézhì	（动）	限制或控制。
9.	植被	zhíbèi	（名）	在地面上具有一定密度的许多植物的总和。
10.	废弃	fèiqì	（动）	抛弃不用。
11.	王侯	wánghóu	（名）	泛指贵族。
12.	侵袭	qīnxí	（动）	侵入并袭击。
13.	戈壁	gēbì	（名）	沙漠中尽是沙子和石块的地区，地面上缺水，植物稀少。
14.	典籍	diǎnjí	（名）	泛指古代图书。
15.	肆虐	sìnüè	（动）	任意残杀或迫害，起破坏作用。
16.	漫漫	mànmàn	（形）	无边的。
17.	绿洲	lǜzhōu	（名）	沙漠中有水、草的地方。

注　释

1. **成吉思汗**（Chéngjísīhán）

   即元太祖（1162—1227），13世纪大蒙古国创建者。今成吉思汗陵在内蒙古伊金霍洛旗阿腾席连镇东南15公里。

2. **盖世**

   （才能、功绩等）高出当代之上。如：盖世英雄、英名盖世。

3. **赫赫**

   显著盛大的样子。如：赫赫有名、赫赫帝王。

4. **茵**（yīn）

   垫子。如：绿草成茵。

5. **万顷**

   顷，土地的面积单位之一。100亩等于1顷。万顷用来泛指广大无边。如：万顷黄沙、碧波万顷。

6. **苏、浙、闽**

   江苏省、浙江省、福建省的简称。

课　文

沙漠的"生命史"

字数：777字　　阅读时间：6.5分钟　　答题时间：20分钟

在内蒙古鄂尔多斯高原上，有一座中外驰名的成吉思汗墓。令人不可思议的是，那样奢侈、豪华的陵墓竟建在大漠之中。难道这位盖世英雄竟不知道把陵墓建在水草丰美的地方吗？历史作出了否定的回答。埋葬这位赫赫帝王的场所，曾是绿草如茵、林木翠绿、鸟鸣婉转的好地方。只是由于自然环境的变迁，人们过度地垦荒放牧，无节制地毁林，无情地破坏植被，此地才逐渐变为今天的沙漠。

除了鄂尔多斯高原上的沙漠外，黄河西北岸的乌兰布和沙漠、巴丹吉林沙漠、塔克拉玛干大沙漠的部分边缘地区，都有着与鄂尔多斯高原沙漠大致相似的"生命史"。

由于自然和人为的原因，沙漠随时都在生、消、扩、缩，特别是沙漠的边缘地区，这种变化更为明显。在我国的沙漠中，几乎都可以找到古代人类活动的遗迹。无论是高城厚墙残迹，还是古碑、废弃的古堡、王侯墓地，都能告诉我们今日之万顷黄沙，当年曾是良田或热闹的城镇，只是由于受沙漠侵袭才改变了面貌。

我国的沙漠大约有70万平方公里，连同戈壁，总面积近130万平方公里，占全国陆地总面积的13%。这些沙漠像一条弧形的条带，横卧在中华大地的北部，西起新疆，东至黑龙江、吉林、辽宁三省的西部地区。新疆的塔克拉玛干大沙漠，是我国最大的沙漠。它的面积约为34万平方公里，相当于苏、浙、闽三省面积的总和。在维吾尔语中，"塔克拉玛干"的意思是"大得进去了出不来"。这里沙丘高大，形态复杂，有的状如新月，有的形同鱼鳞，有的似大海的波涛，有的像湖水的波纹，而且经常流动，形态多变。

在中华民族的漫长历史中，典籍中不乏关于草原、森林变成荒凉的沙漠戈壁的记载。地质历史的变迁，大自然的肆虐，人类的战争和自我毁坏，给中华大地留下了片片沙漠。新中国成立后，人们根据风沙喜干、喜风、怕水、怕草、怕树的"两喜三怕"特点，采取了种草造林等治沙措施，正努力使昔日漫漫黄沙变成片片绿洲。

(选自《锦绣中华》，有改动)

练 习

1. 根据课文内容选择正确答案：

(1) 本文谈论的主要内容是：
　　A. 成吉思汗墓的来历
　　B. 沙漠的变迁历史
　　C. 沙漠形成的原因
　　D. 中国境内沙漠的分布情况

(2) 中国沙漠面积最大的地区在：
　　A. 内蒙古　　　B. 新疆　　　C. 黑龙江　　　D. 吉林

(3) 中国境内面积最大的沙漠大约有：
　　A. 70万平方公里　　　　　B. 130万平方公里
　　C. 34万平方公里　　　　　D. 13万平方公里

(4) 下列不属于沙漠形成的原因的是：
　　A. 破坏植被　　　　　　　B. 种草造林
　　C. 过度放牧　　　　　　　D. 毁林开荒

2. 根据课文内容判断正误：

(1) 成吉思汗墓为何建在大漠之中至今仍找不到答案。　　　　　　（　）
(2) 许多水草丰美的地方逐渐变成沙漠，都是由于自然环境的变迁造成的。　　　　　　　　　　　　　　　　　　　　　　　　　　（　）
(3) 在中国历史上，有不少热闹的城镇被无情的黄沙吞没。　　　（　）
(4) 中国的沙漠面积几乎占陆地总面积的13%。　　　　　　　　（　）
(5) 苏、浙、闽三省面积的总和相当于塔克拉玛干大沙漠的面积。（　）
(6) 在沙漠化过程中，人为的因素也造成了不少恶果。　　　　　（　）
(7) 面对漫漫黄沙，人们显得束手无策。　　　　　　　　　　　（　）
(8) 由于采取各种治沙措施，已使昔日的漫漫黄沙变成了片片绿洲。（　）

3. 根据课文内容回答问题：

(1) 成吉思汗墓所在地经历了怎样的变迁？
_____

(2) 人们依靠什么揭开了沙漠"生命史"的面纱？
_____

(3) 中国境内沙漠的分布有何特点？
_____

(4) 塔克拉玛干大沙漠有何特点？
_____

(5) 沙漠形成的原因有哪些？
_____

(6) 人们该怎样治理沙漠？
_____

4. 根据课文内容，选择合适的词语填空：

(1) _____这位盖世英雄竟不知道把陵墓建在水草丰美的地方吗？历史_____了否定的回答。

    A. 可是   B. 竟然   C. 难道   D. 反而

    A. 作出   B. 进行   C. 说出   D. 作为

(2) 埋葬这位赫赫帝王的场所，_____绿草如茵、林木翠绿、鸟鸣婉转的好地方。

    A. 就是   B. 曾是   C. 确实   D. 却是

(3) 只是由于自然环境的_____，人们过度地垦荒放牧，无节制地毁林，无情地破坏植被，此地才逐渐_____今天的沙漠。

    A. 迁移   B. 变迁   C. 移动   D. 变动

    A. 变为   B. 变化   C. 改变   D. 改成

(4) 沙漠随时都在生、消、扩、缩，_____沙漠的边缘地区，这种变化更为明显。
   A. 特别   B. 更是   C. 更加   D. 特别是

(5) _____是高城厚墙残迹，还是古碑、废弃的古堡、王侯墓地，都能告诉我们今日之万顷黄沙，_____曾是良田或热闹的城镇。
   A. 无论   B. 不但   C. 即使   D. 不仅
   A. 这时   B. 那年   C. 当年   D. 当代

(6) 这些沙漠像一条弧形的条带，_____在中华大地的北部，_____新疆，东至黑龙江、吉林、辽宁三省的西部地区。
   A. 横卧   B. 横放   C. 卧倒   D. 围绕
   A. 西始   B. 西至   C. 西从   D. 西起

(7) 塔克拉玛干大沙漠面积约为34万平方公里，_____苏、浙、闽三省面积的总和。
   A. 相当于   B. 相当   C. 差不多   D. 相像

(8) 在中华民族的_____历史中，典籍中_____关于草原、森林变成荒凉的沙漠戈壁的记载。
   A. 长长   B. 漫漫   C. 漫长   D. 长久
   A. 不少   B. 不缺   C. 不仅   D. 不乏

快读部分

生　词

1.　挺拔　　　tǐngbá　　　（形）　　直立而高耸。

2.	秀丽	xiùlì	(形)	清秀美丽。
3.	清澈	qīngchè	(形)	清而透明。
4.	岩洞	yándòng	(名)	泛指岩层中曲折幽深的大洞。
5.	幽深	yōushēn	(形)	(山水、树林、宫室等)又深又静。
6.	瑰丽	guīlì	(形)	异常美丽。
7.	美誉	měiyù	(名)	美好的名声。
8.	地壳	dìqiào	(名)	由岩层构成的地球外壳。
9.	岩层	yáncéng	(名)	地壳中成层的岩石。
10.	溶蚀	róngshí	(动)	水流溶解并搬移岩石中的可溶物质。
11.	风化	fēnghuà	(动)	由于长期的风吹日晒、雨水冲刷、生物破坏等作用，地壳表面和组成地壳的各种岩石受到破坏或发生变化。
12.	逼真	bīzhēn	(形)	极像真的。
13.	蜿蜒	wānyán	(形)	(山脉、河流、道路等)弯弯曲曲地延伸的样子。
14.	扩散	kuòsàn	(动)	扩大分散出去。
15.	倒映	dàoyìng	(动)	物体的形象倒着映射到另一个物体上。
16.	垂钓	chuídiào	(动)	垂竿钓鱼。
17.	钟乳石	zhōngrǔshí	(名)	石灰岩洞中悬在洞顶上的像冰锥的物体，常与石笋上下相对。
18.	千姿百态	qiān zī bǎi tài		姿态多种多样，各不相同。
19.	犹如	yóurú	(动)	如同。
20.	点缀	diǎnzhuì	(动)	加以衬托或装饰，使原有事物更加美好。

专　名

阳朔　　Yángshuò　　地名，在广西壮族自治区境内。

注 释

1. **桂林山水甲天下**
   桂林山水,在广西壮族自治区东北部,北起兴安、南到阳朔的一百多公里间,是中国著名的风景游览区。甲天下,天下第一。

2. **历历**
   (物体或景象)一个一个清清楚楚的。如:历历可数、历历在目。

3. **绝**
   独一无二的,没有人能赶上的。如:一绝、绝技、绝活。

4. **仙境**
   神仙居住的地方。多比喻景物优美的地方。

课 文

桂林山水甲天下

字数:673字　　阅读时间:4分钟　　答题时间:14分钟

桂林位于中国广西壮族自治区的东北部,是一座具有2000多年历史的古城。这里山峰挺拔秀丽,江水清澈见底,岩洞幽深瑰丽,是世界著名的风景区,自古就有"桂林山水甲天下"的美誉。

3亿多年前,这里还是一片汪洋大海。后来地壳运动,海底上升为陆地,原先海底沉积的石灰石岩层经过水的溶蚀和风化作用,形成了挺拔秀丽的峰林和曲折幽深的岩洞。人们说,桂林的美可以概括为八个字:山青、水秀、石美、洞奇。

桂林的山多是平地突起,孤峰独立。它们形态各异,大多因其形状而得名。像位于市内桃花江与漓江交汇之处的象鼻山,山的形状好似一头巨象伸长鼻子饱饮江水,形象逼真;七星公园的骆驼山,远远望去，就像一只巨大的骆驼正在缓缓前行；位于阳朔县城东南的书童山，看上去仿佛一个书童正捧着书认真诵读；还有一座山，在高高的石壁上有一天然的洞口，洞口形似明月，因而得名"月亮山"。

在众多的山峰之间，秀丽的漓江像一条玉带，蜿蜒穿过。江水清澈，江中的鱼儿和江底的砂石历历可数。如果乘船沿漓江游览，只见水平如镜，一摇桨，一投石，都会引起江面水波扩散。蓝天、白云、碧峰、小船倒映在水面上，真是如诗如画，人仿佛就在画中。

桂林的山还多奇石，著名的有七星岩的飞来石、月牙山的剑柄石、象鼻山的垂钓石、伏波山的试剑石等。

桂林的洞更是一绝。这里有著名的芦笛岩和七星岩，洞内有无数的钟乳石、石笋、石柱等。它们组成千姿百态的景点，犹如人间仙境。

从桂林出发，乘船沿漓江顺流而下，可到达风光秀丽的阳朔。一路上，可见两岸山峰挺拔，其间点缀着农舍和竹林，这一切又都倒映在水中，构成了一幅长达80余千米的山水画卷。

练 习

1. 根据课文内容回答问题：

（1）桂林是一个怎样的城市？

（2）桂林的峰林、岩洞是如何形成的？

（3）桂林山水的主要特点是什么？

（4）桂林的山有何特点？

（5）桂林的山在命名上有何特点？请举例说明。

(6) 漓江的风景怎么样？
_____

(7) 桂林著名的洞有哪些？
_____

(8) 从桂林到阳朔，沿途的风光如何？
_____

2. 根据课文内容填空：

(1) 桂林位于中国广西壮族自治区的东北部，是一座_____2000多年历史的古城。

(2) 这里山峰挺拔秀丽，江水_____见底，岩洞幽深瑰丽，是世界_____的风景区。

(3) 3亿多年前，这里还是_____汪洋大海。

(4) 后来地壳运动，海底_____为陆地，原先海底沉积的石灰石岩层_____水的溶蚀和风化作用，_____了挺拔秀丽的峰林和曲折幽深的岩洞。

(5) 人们说，桂林的美可以_____为八个字：山青、水秀、石美、洞奇。

(6) 位于市内桃花江与漓江交汇_____的象鼻山，山的形状好似一头巨象伸长鼻子饱饮江水，形象逼真。

(7) 位于阳朔县城东南的书童山，看上去_____一个书童正捧着书认真诵读。

(8) 还有一座山，在高高的石壁上有一天然的洞口，洞口形_____明月，因而得名"月亮山"。

(9) 在众多的山峰之间，秀丽的漓江_____一条玉带，蜿蜒_____。

(10) 如果乘船沿漓江游览，只见水平如_____。

(11) 蓝天、白云、碧峰、小船_____在水面上，真是_____如画。

(12) 洞内各种岩石组成千姿百态的景点，犹如_____仙境。

(13) 从桂林出发，乘船沿漓江顺流_____，可到达风光秀丽的阳朔。

(14) 这一切又都倒映在水中，构成了一幅_____80余千米的山水_____。

第三课　Lesson 3

细读部分

生　词

1. 珍爱　　　zhēn'ài　　　（动）　　重视爱护。
2. 古稀　　　gǔxī　　　　（名）　　指人七十岁。
3. 兴致勃勃　xìngzhì bóbó　　　　　非常有兴趣的样子。
4. 鸟瞰　　　niǎokàn　　　（动）　　从高处往下看。
5. 沮丧　　　jǔsàng　　　（形）　　灰心失望。
6. 威胁　　　wēixié　　　（动）　　用威力逼人屈服。
7. 尾气　　　wěiqì　　　　（名）　　汽车排放的气体。
8. 锅炉　　　guōlú　　　　（名）　　产生水蒸气的装置。（产生的水蒸气用来取暖。）
9. 监测　　　jiāncè　　　　（动）　　监视检测。
10. 车水马龙　chē shuǐ mǎ lóng　　　形容车马或车辆很多，来往不断。
11. 递增　　　dìzēng　　　（动）　　一次比一次增加。
12. 剧增　　　jùzēng　　　（动）　　急剧地增加或增长。
13. 天然气　　tiānránqì　　（名）　　可燃气体。（natural gas）
14. 噪音　　　zàoyīn　　　（名）　　对环境有害的声音。
15. 能源　　　néngyuán　　（名）　　能产生能量的物质。

16.	缓解	huǎnjiě	（动）	剧烈、紧张的程度有所减轻；缓和。
17.	协调	xiétiáo	（动）	使配合得适当。
18.	覆盖	fùgài	（动）	（地面上的植物）遮盖。
19.	治理	zhìlǐ	（动）	设法改变不好的状况。

注 释

1 逾（yú）
超过。如：年逾六十、逾期。

2 指数
表明某一现象变动程度的数值。如：空气污染指数、物价指数。

3 环保
"环境保护"的简称。

课 文

请珍爱我们的生存环境

字数：1019字　　阅读时间：9分钟　　答题时间：16分钟

在春暖花开的时节，年逾古稀的张大爷从遥远的四川大巴山区来到北京，兴致勃勃地登上了中央电视塔，欲鸟瞰蓝天白云下的现代化首都。然而，老人从塔上下来后却十分沮丧："雾气沉沉的，我是站得高，却看不远……"中央电视塔有限责任公司总经理张女士说："我们是靠天吃饭的，北京这种不见蓝天的灰蒙蒙的天空，导致中央电视塔的客流量日渐减少，登高望远者有时一天仅有两三人。"

秋天是北京最好的季节。然而，秋天里有些日子却是秋不高、气不爽。比如1998年的9月25日、29日、30日这三天，在静风、闷热天气的作用下，不少行人感到眼睛干、嗓子疼、空气刺鼻。10月份的4周空气污染指数全部是四级。大气污染直接威胁着北京人的健康。

北京三面环山，市区二环路以外高楼林立，形成周围高、中间低的"盆"状，造成市区大气不易流动，污染物不易扩散。京城近500万辆机动车排放的尾气，锅炉的煤烟以及施工工地的扬尘，是北京主要的大气污染源。

1997年11月21日至27日，国家环保局对全国大城市空气状况的监测表明，在污染最严重的三大城市北京、重庆和广州中，北京污染最为严重。这7天，北京的空气污染指数（268）是大连（50）的5倍多。

据说，30年前有个摄影记者想在建国门桥上拍一张车水马龙的照片，竟足足等了40分钟——那会儿，京城马路上的汽车太少，首尾相连的景象难得一见。可如今，京城机动车的数量突破了400万辆。2009年全市机动车净增51.5万辆。特别是2009年12月以后，每天机动车的增长量达到2000辆左右。快速递增的机动车不仅增加了尾气排放量，由汽车数量剧增导致的交通拥堵又致使汽车慢速行驶，更加重了大气污染。因此，有关专家建议，北京应加快天然气汽车的发展，让这种低污染、低噪音的"绿色汽车"开进我们的生活。还有专家认为，发展以电为主要能源的、低污染的城市铁路，可实现缓解城市交通与控制大气污染的协调发展。

正是在空气污染严重的1998年，北京市提出了改善空气质量的目标：2000年得到明显改善；2002年基本达到国家二级标准。近年来，为降低扬尘污染，北京市平均每年有200万人次参加植树活动。北京市是全国首批园林绿化城市，目前林木覆盖率达50%。降尘量已连续数年有所下降，尘土飞扬的日子日渐减少。

"蓝蓝的天上白云飘……"只要经过认真治理和维护，这歌中所唱的、多年来久存于北京人心中的梦就会变成现实。经过一个时期的大气治理，北京的大气质量已有所改善。北京人呼吸到了较为洁净的空气，空气中的各种污染物均有所下降。

希望每一个公民都能关心、爱护我们的生存环境！

练 习

1. 根据课文内容选择正确答案：

(1) 张大爷从中央电视塔上下来后为什么感到沮丧？
   A. 不能登高远望
   B. 北京秋不高，气不爽
   C. 北京的污染太严重
   D. 雾太大，什么也看不见

(2) 关于北京的污染源，文中没提到哪一种？
   A. 汽车尾气　　B. 燃煤　　C. 工业废水　　D. 沙土

(3) 关于大气污染带来的不适，文中没提到哪一方面？
   A. 眼睛流泪　　　　　　B. 眼睛发干
   C. 空气刺鼻　　　　　　D. 嗓子疼

(4) 根据1997年11月国家环保局的监测，中国空气污染最严重的城市不包括
   A. 上海　　B. 北京　　C. 重庆　　D. 广州

(5) "绿色汽车"是指
   A. 涂成绿色的汽车　　　B. 节能车
   C. 天然气汽车　　　　　D. 电能火车

2. 根据课文内容判断正误：

(1) 中央电视塔的客流量比以前减少了。　　　　　　　　　　（　　）

(2) 北京的大气污染存在三个主要的污染源。　　　　　　　　（　　）

(3) 北京周围低、中间高的地形是空气污染的重要原因。　　　（　　）

(4) 2009年北京市的机动车数量已达51.5万辆。　　　　　　　（　　）

(5) 大连也是空气污染较为严重的城市。　　　　　　　　　　（　　）

(6) 全国园林绿化城市现在还不包括北京。　　　　　　　　　（　　）

(7) 现在北京的大气污染还没有得到改善。　　　　　　　　　（　　）

3. 解释下列句子中画线部分的意思：

(1) <u>年逾古稀</u>的张大爷从<u>遥远</u>的四川大巴山区来到北京。

(2) 老人<u>兴致勃勃</u>地登上了中央电视塔，欲<u>鸟瞰</u>蓝天白云下的现代化首都。

(3) 然而，老人从塔上下来后却<u>十分沮丧</u>："<u>雾气沉沉</u>的，我是站得高，却看不远……"

(4) 北京这种不见蓝天的灰蒙蒙的天空，导致中央电视塔的客流量<u>日渐减少</u>。

(5) 北京<u>三面环山</u>，市区二环路以外<u>高楼林立</u>，形成周围高、中间低的"盆"状。

(6) 30年前有个摄影记者想在建国门桥上拍一张<u>车水马龙</u>的照片，竟足足等了40分钟。

(7) 2009年全市机动车<u>净增</u>51.5万辆。

(8) 由汽车数量<u>剧增</u>导致的交通拥堵又致使汽车慢速行驶，更加重了大气污染。

(9) 北京市是全国<u>首批</u>园林绿化城市，目前林木覆盖率达50%。

(10) 降尘量已连续数年<u>有所下降</u>，<u>尘土飞扬</u>的日子日渐减少。

(11) 空气中的各种污染物<u>均有所下降</u>。

快读部分

生 词

1.	温馨	wēnxīn	（形）	温和芳香；温暖。
2.	节奏	jiézòu	（名）	比喻均匀的、有规律的工作进程。
3.	琐事	suǒshì	（名）	细小零碎的事情。
4.	时髦	shímáo	（形）	形容人的装饰衣着或其他事物合乎当前流行的风尚。
5.	孝顺	xiàoshùn	（动）	尽心奉养父母，顺从父母的意志。
6.	古刹	gǔchà	（名）	古代的寺庙。
7.	节俭	jiéjiǎn	（形）	用钱等有节制；节约。
8.	慷慨	kāngkǎi	（形）	大方（拿出钱、物帮助别人）。
9.	视野	shìyě	（名）	眼睛能看到的空间范围。
10.	朦胧	ménglóng	（形）	不清楚，模糊。
11.	挑战	tiǎozhàn	（动）	文中指与困难抗争。
12.	褪色	tuì shǎi		颜色逐渐变淡。
13.	唯独	wéidú	（副）	只有，单单。
14.	疲惫	píbèi	（形）	非常疲劳。

注 释

[1] 岳

高大的山。如：五岳（指东岳泰山、西岳华山、南岳衡山、北岳恒山、中岳嵩山）。

2 井冈山
   在江西省西部，曾是中国共产党重要的革命根据地。

3 锅、碗、瓢、盆交响曲
   泛指家务琐事。锅、碗、瓢、盆都是厨房用具。

课　文

家庭出游，温馨千万家

字数：983字　　阅读时间：5分钟　　答题时间：17分钟

现代都市家庭的生活节奏越来越快，每个人都在为自己的前途忙忙碌碌。家庭中各自忙碌、各自出游的现象，使得家庭成员感受不到亲情的温暖。暂时放下忙碌的工作、烦人的琐事，让心情彻底放松，重新唤醒浪漫的爱情和温馨的亲情，家庭出游无疑是一种很好的选择。

"亲情"旅游，一种时髦的孝顺方式

亲情旅游，作为一种时髦的孝顺方式，在都市渐渐升温。在南岳的登山路上，一家来自广东的旅游者，儿子扶着父亲，媳妇挽着婆婆，浓浓的孝心尽在不言中。在"中国第一古刹"的洛阳白马寺，一位白发苍苍的老母亲由女儿搀扶着，一边游览，一边听女儿介绍文物和历史。

老人们从工作岗位退休回家后，远离了社会生活，他们渴望走出家庭，去了解社会、认识社会。然而，老人们由于受身体条件、经济条件的限制以及节俭观念的限制，不容易独自出行。如果晚辈能从长辈的心理出发，在经济上慷慨些，在行动上主动些，陪伴老人们重返社会、回归自然，那么老人们的晚年就会更加幸福。家庭出游无疑是一种不错的孝顺方式。

"亲子"旅游，开阔了孩子的视野

每年的暑假，不少父母都要为孩子精心安排暑假出游，一是为了扩展孩子的视野，二是为了让孩子的身心得到休息。有一对中年夫妇，他们的经济条件并不太好，可还是尽可能地在暑假带孩子作了一次中短距离的旅游。他们的目的主要是为了扩大孩子的视野，让孩子把所学到的书本知识与实际联系起来，提高孩子的学习兴趣。一次，孩子从井冈山回来后说："以前在书本中学到的历史故事总是感到朦朦胧胧，这次旅游使我感到真切多了。"

带孩子出去旅游，让孩子身处一个陌生的环境，对孩子来说也是一种挑战、一种锻炼。在今天独生子女家庭占绝对多数的情况下，这种锻炼显得更为必要。

"爱情"旅游，让婚姻永不褪色

"爱情"旅游不但是指新婚夫妻的"蜜月"之行，更是指那些自以为是"老夫老妻"的中年人的浪漫之旅。中年夫妻们恐怕是生活中最"忘我"的一个群体，他们整天忙工作、忙家务、忙子女，而唯独忘了自己，弄得身心疲惫，这时候他们的婚姻生活也最容易亮起红灯。因此，在百忙之中，夫妻双方应该抽出几天的时间，来一回浪漫之旅。远离"锅、碗、瓢、盆交响曲"，投入到美丽的大自然的怀抱，不但可以放松身心，而且还会增进夫妻的感情，重新唤回远去的爱情。

古人云："读万卷书，行万里路。"请暂时放下你手中的一切，背上旅行包，上路吧。

(选自《中国电视报》，胡望中文，有改动)

练 习

1. 根据课文内容判断正误：

(1) 本文的主要话题是旅游的重要性。　　　　　　　　　　　　(　)

(2) 家庭成员一起外出旅游是增进感情的一种很好的选择。　　(　)

(3) 老人往往对外出旅游显得不太热心。　　　　　　　　　　(　)

(4) 孩子外出旅游对他们的学习也有帮助。　　　　　　　　　(　)

(5) 父母让孩子外出旅游主要是为了开阔孩子的视野。　　　　(　)

(6) 外出旅游不仅开阔了孩子的眼界，也让孩子的身心得到了休息。(　)

(7) "爱情"旅游可以使中年夫妻摆脱生活琐事。　　　　　　　(　)

2. 根据课文内容回答问题：

(1) 本文谈了哪几种家庭出游方式？

(2) 作者为什么提倡家庭出游？

(3) 为什么说陪老人旅游是一种不错的孝顺方式？

(4) 很多父母利用假期带孩子出游的目的是什么？

(5) 对独生子女来说，出去旅游有何好处？

(6) 文中谈到了几种"爱情"旅游？

(7) 中年夫妻外出旅游有何益处？

3. 根据课文内容，选择合适的词语填空：

(1) 现代都市家庭的生活_____越来越快，每个人都在为自己的前途忙忙碌碌。

    A. 速度   B. 节奏   C. 步伐   D. 步子

(2) 家庭中各自忙碌、各自出游的现象，使得家庭成员_____不到亲情的温暖。

    A. 感受   B. 感想   C. 感悟   D. 感动

(3) 让心情彻底_____，重新唤醒浪漫的爱情和温馨的亲情，家庭出游无疑是一种很好的选择。

    A. 松开   B. 松弛   C. 放开   D. 放松

(4) 老人们从工作_____退休回家后，远离了社会生活，他们渴望走出家庭，去了解社会、认识社会。

    A. 位置   B. 岗位   C. 位子   D. 地方

(5) 然而，老人们由于_____身体条件、经济条件的限制以及节俭观念的限制，不容易独自出行。

    A. 因   B. 据   C. 受   D. 被

(6) 陪伴老人重返社会、_____自然，家庭出游_____是一种不错的孝顺方式。

    A. 回去   B. 回来   C. 归来   D. 回归

    A. 无疑   B. 无论   C. 怀疑   D. 疑问

(7) 他们的目的主要是为了_____孩子的视野，让孩子把所学到的书本知识与实际联系_____，提高孩子的学习兴趣。

    A. 加大   B. 扩大   C. 扩充   D. 放大

    A. 起来   B. 上来   C. 好   D. 一起

第四课　Lesson 4

细读部分

生　词

1. 届　　　jiè　　　（动）　　到（时候）。
2. 折腾　　zhēteng　（动）　　翻过来倒过去；反复做（某事）。
3. 刺激　　cìjī　　　（动）　　使人激动；使人精神上受到挫折或打击。
4. 一事无成　yí shì wú chéng　　连一件事情也做不成。
5. 进取　　jìnqǔ　　（动）　　努力向前；立志有所作为。
6. 泄气　　xiè qì　　　　　　泄劲，没有信心做了。
7. 怨天尤人　yuàn tiān yóu rén　　抱怨天，埋怨别人。形容对不如意的事情一味归咎于客观。
8. 尝试　　chángshì　（动）　　试；试验。
9. 调整　　tiáozhěng　（动）　　改变原有的情况，使适应客观环境和要求。
10. 心态　　xīntài　　（名）　　心理状态。
11. 品质　　pǐnzhì　　（名）　　行为、作风上所表现的思想、认识、品性等的本质。
12. 自如　　zìrú　　　（形）　　活动不受阻碍。
13. 线索　　xiànsuǒ　（名）　　比喻事物发展的过程或探求问题的途径。
14. 定居　　dìng jū　　　　　　在某个地方固定地居住下来。
15. 采访　　cǎifǎng　（动）　　搜集寻访。

16.	上述	shàngshù	（形）	上面所说的。
17.	掩饰	yǎnshì	（动）	设法掩盖（真实的情况）。
18.	醒悟	xǐngwù	（动）	在认识上由模糊变得清楚，由错误转为正确。
19.	无足轻重	wú zú qīng zhòng		无关紧要；不重要。

注 释

1 不惑

孔子《论语》中说"四十而不惑"，意思是人到了四十岁，能明辨是非而不受迷惑。后来用"不惑"指人四十岁。如：年届不惑、不惑之年。

2 编导

编剧和导演。如：他编导了这部影片。

3 形容

对事物的形象或性质加以描述。如：无法形容、难以形容。

4 下海

泛指放弃原来的工作而经营商业。如：他本来有很稳定的工作，可最近却下海了。

5 圆……梦

指实现自己以前的理想、愿望。如：他圆了当钢琴家的梦。

6 死胡同

走不通的胡同，比喻绝路。

7 小人物

指在社会上不出名、没有影响的人。

课 文

四十不惑

字数：875字　　阅读时间：7.5分钟　　答题时间：24分钟

6月21日、22日《生活空间》播出了由我编导的电视纪录短片《四十不惑》，讲的是一位已届不惑之年的广州人邓建华的事业与家庭。选择邓建华作为片中的主人公有两方面的原因：此人天生爱折腾，至今已换了十几次工作，而且仍然在不断地寻找这些"过程"给他带来的刺激和快乐。像这类人别人往往用"一事无成"来形容，但通过我跟邓建华的接触，我却强烈感觉到他的进取心和从不泄气、从不怨天尤人的精神。

邓建华说他小时候曾做过七个梦：他想当兵，后来他当了；他想学杂技，后来他学会了车技；他想站在舞台上，当工人期间便做了厂里的文艺队队长；他想要一个漂亮女人做老婆，他说他曾拥有过；他想自己做自己的主，便下了海；他办时装学校，也完全是为了圆他童年的梦，尽管这种尝试并不成功。这个普通人确实善于从工作中寻求乐趣，具有不断调整自我心态的可贵品质。所以，他的日子过得轻松自如。

我拍邓建华有一条重要的故事线索是他和离婚五年的妻子重逢。他的前妻现带女儿定居香港，在我拍摄期间，正好赶上前妻带孩子回广州休假。他要求见孩子，前妻怕女孩子会受到"不良的心理影响"而一度拒绝。在他的再三请求下，前妻终于同意让他见孩子一面。父亲设法和女儿接近，从孩子嘴里了解前妻的现状，又将几千元本应交给前妻的抚养费塞到女儿手里……使人心酸的是，当女儿单独接受采访时，12岁的女儿竟说她对父亲所做的一切都没有感觉。

当我要离开广州的时候，邓建华了解到自己女儿上述的感受，他开始极力掩饰，说他早已料到，那么多年不在一起生活，女儿都12岁了，怎么会不陌生？后来，他竟护着脸在镜头前落了泪。他知道，如今他精神生活的一半内容就是父爱。他说，人大都如此，无论是事业还是情感，在自己人生道路上走了一段以后，觉得像在穿行一条一眼望不到头的胡同，走呀走，你开始挺兴奋，因为这条胡同总有新鲜刺激的感觉吸引你去闯，总想知道它是不是死胡同；人到中年才突然醒悟，为什么自己不站得高一点儿、看得远一点儿呢？他说这种感觉近来常常有，难怪自己永远是个无足轻重的小人物，正像"建华"这个名字满中国都是一样。

（选自《中国电视报》，向一民文，有改动）

练 习

1. 根据课文内容选择正确答案：

(1)《四十不惑》讲的是：
A. 一个真实的故事
B. 一个根据电视剧改编的故事
C. 根据真人真事改编的故事
D. 一个完全虚构的故事

(2) 邓建华是个什么样的人？
A. 一个不安于现状的人
B. 一个对他的女儿充满感情的人
C. 一个事业心不够强的人
D. 一个事业上非常成功，但感情生活却不顺利的人

(3) 邓建华生活得怎么样？
A. 很不如意　　　　B. 轻松自如
C. 颇为成功　　　　D. 丰富多彩

(4) 下面哪一项不是邓建华的性格特点?
　　A. 怨天尤人　　　　　B. 有进取心
　　C. 善于调整自己的心态　D. 不安于现状

(5) 邓建华的女儿对他的感情怎么样?
　　A. 她不愿意表达对父亲的感情
　　B. 她对父亲没有什么感情
　　C. 她对父亲有一点儿厌恶
　　D. 她感觉不到父亲的存在

2. 根据课文内容回答问题：

(1) 邓建华是个什么样的人?
_____

(2) 邓建华曾有过什么梦想? 都实现了吗?
_____

(3) 为什么邓建华的日子过得轻松自如?
_____

(4) 邓建华的前妻对他是什么态度?
_____

(5) 不惑之年的邓建华对自己的看法如何?
_____

(6) 你对邓建华这个人有何看法?
_____

3. 根据课文内容，选择合适的词语填空：

(1) 6月21日、22日《生活空间》_____了由我编导的电视纪录短片《四十不惑》。
　　A. 演出　　B. 广播　　C. 播出　　D. 上演

(2) 像这类人别人往往用"一事无成"来_____，但通过我跟邓建华的_____，我却_____感觉到他的进取心和从不泄气、从不怨天尤人的精神。
    A. 形容   B. 表现   C. 形象   D. 说明
    A. 接近   B. 接见   C. 会见   D. 接触
    A. 非常   B. 强大   C. 热烈   D. 强烈

(3) 他想要一个漂亮女人做老婆，他说他曾_____过。
    A. 具有   B. 拥有   C. 备有   D. 拥护

(4) 他想自己做自己的主，_____下了海。
    A. 便   B. 而   C. 倒   D. 却

(5) 这个普通人确实_____从工作中寻求乐趣，具有不断调整自我_____的可贵品质。
    A. 善于   B. 拿手   C. 利于   D. 关于
    A. 心理   B. 态度   C. 心胸   D. 心态

(6) 我拍邓建华有一条重要的故事_____是他和离婚五年的妻子重逢。
    A. 线索   B. 线条   C. 线段   D. 路线

(7) 他的前妻现带女儿_____香港，在我拍摄期间，正好赶上前妻带孩子回广州休假。
    A. 居住   B. 定居   C. 位于   D. 住

(8) 在他的_____请求下，前妻终于同意让他见孩子一面。
    A. 一直   B. 一致   C. 再次   D. 再三

(9) 当女儿单独接受_____时，12岁的女儿竟说她对父亲所做的一切都没有_____。
    A. 采访   B. 访问   C. 回答   D. 问答
    A. 思想   B. 感觉   C. 错觉   D. 听觉

(10) 邓建华了解到自己女儿上述的感受，他开始＿＿＿＿掩饰。
    A. 非常　　　B. 极力　　　C. 大力　　　D. 全部

(11) 你开始挺兴奋，因为这条胡同总有新鲜刺激的感觉＿＿＿＿你去闯。
    A. 吸引　　　B. 吸收　　　C. 引进　　　D. 吸力

(12) ＿＿＿＿自己永远是个无足轻重的＿＿＿＿，正像"建华"这个名字满中国都是一样。
    A. 难道　　　B. 难说　　　C. 难怪　　　D. 难得
    A. 小人物　　B. 小人群　　C. 小人　　　D. 小孩

4. 解释下列句子中画线部分的意思：

(1)《四十不惑》，讲的是一位已届<u>不惑之年</u>的广州人邓建华的事业与家庭。

(2) 此人至今已换了十几次工作，而且<u>仍然在不断地寻找这些"过程"给他带来的刺激和快乐</u>。

(3) 像这类人别人往往用<u>"一事无成"</u>来形容，但通过我跟邓建华的接触，我却强烈感觉到他的进取心和从不泄气、从不<u>怨天尤人</u>的精神。

(4) 他想<u>自己做自己的主</u>，<u>便下了海</u>；他办时装学校，也完全是为了<u>圆他童年的梦</u>。

(5) 在他的<u>再三请求</u>下，前妻终于同意让他见孩子一面。

(6) 他开始极力掩饰，说他<u>早已料到</u>，那么多年不在一起生活，女儿都12岁了，怎么会不陌生？

(7) 难怪自己永远是个<u>无足轻重</u>的小人物，正像<u>"建华"这个名字满中国都是</u>一样。

快读部分

生 词

1. 居然　　jūrán　　（副）　　出乎意料；竟然。
2. 财务　　cáiwù　　（名）　　有关财产、资金的管理事务。
3. 主管　　zhǔguǎn　　（动、名）　　主持负责；主要负责人。
4. 留恋　　liúliàn　　（动）　　不忍舍弃或离开。
5. 凭　　　píng　　　（介）　　凭借；根据。
6. 辞职　　cí zhí　　　　　　　请求解除自己的职务。
7. 勉强　　miǎnqiǎng　　（形）　　能力不够，还尽力做。
8. 存折　　cúnzhé　　（名）　　银行等给存款者作为凭证的小本子。
9. 招聘　　zhāopìn　　（动）　　用公告的方式聘请。
10. 出纳　　chūnà　　（名）　　担任公司中现金、票据的付出和收进工作的人。
11. 聘用　　pìnyòng　　（动）　　聘请任用。
12. 轻易　　qīngyì　　（副）　　简单容易；随随便便。
13. 惋惜　　wǎnxī　　（形）　　对人的不幸遭遇或事物的意外变化表示同情、可惜。
14. 压制　　yāzhì　　（动）　　尽力限制或制止。
15. 简历　　jiǎnlì　　（名）　　个人简单的经历。
16. 咨询　　zīxún　　（动）　　向专家或单位询问有关情况。
17. 婉言　　wǎnyán　　（名）　　婉转的话。
18. 谢绝　　xièjué　　（动）　　（态度、言辞）温和地拒绝。

19.	学历	xuélì	(名)	学习的经历。(比如在哪些学校毕业等。)
20.	摆脱	bǎituō	(动)	脱离（牵制、束缚、困难、不良的情况等）。
21.	退缩	tuìsuō	(动)	（因害怕）向后退或向后缩。
22.	风险	fēngxiǎn	(名)	可能发生的危险。

注 释

1 长江后浪推前浪
比喻人或事物不断发展更替，后来的超过前面的。

2 万不得已
成语。实在没有办法；不得不这样。

3 隐隐
看起来或听起来不很清楚；感觉不很明显。如：隐隐约约、隐约。

4 英雄无用武之地
形容有本领的人得不到施展的机会。

5 动真格的
真正地去做。"真格的"的意思是实在的。如：说真格的。

6 势在必行
成语。根据形势推测一定会实行、发生。

7 滋味
比喻某种感受。"心里不是滋味"的意思是心里难受、不痛快。

8 顶头上司
指直接领导自己的人或机构。

9 节骨眼儿

比喻重要的关头、时刻。

10 毫不留情

一点儿也不照顾情面或一点儿也不原谅。

11 记忆犹新

对过去事物的印象非常清楚，就像新发生的一样。

12 聘任制

聘请人担任（职务）的制度。

13 碰钉子

比喻遭到拒绝或受到斥责。

课 文（一）

年龄大了，机会少了

字数：498字　　阅读时间：2.5分钟　　答题时间：12分钟

我怎么也没想到我居然会失业。我曾经担任过国有企业和合资企业的财务主管，领导对我的工作非常满意。后来由于单位经营不好，合资公司要撤资，我觉得没什么好留恋的，想都没多想就离开了。原来以为凭着工作经验和工作能力，再找一份工作不会费多大力气。谁知这一辞职，我就失业了，半年后才勉强找到一份新工作。在找工作的半年里，银行存折里的钱只出不进，我对工作的要求标准越降越低。

我的业务能力的确不低，但我已经是四十多岁的人，挤在人才交流会上，周围都是年轻人，我越发感觉到机会对于我是那么少。招聘单位看到我的年龄后，就向我摇头，偶尔也有单位不限制年龄，但条件又太差。现在再让我从出纳做起，我心里接受不了，单位也不会聘用一个岁数大、有能力的人来担任；有的工作工作量挺大，而工资却很低。我是拿过高工资的人，少一点儿还说得过去，太少了我心里就该不平衡了。如此这般折腾了近半年，托朋友介绍终于有了一份挣钱不多不少、职位不高不低的活儿。

在失去工作以前，我一直是一个很自信的人，而这次经历告诉我，长江后浪推前浪，不是万不得已，不是已经找到了合适的工作，千万不要轻易辞去现在的工作。

(选自《精品购物指南》，玲文，有改动)

练 习

1. 根据课文内容判断正误：

(1) 辞职以前，作者以为自己会很容易找到一份新工作。　　（　）

(2) 所有的招聘单位对年龄都有一定的限制。　　（　）

(3) 开始找工作的时候，作者的要求很高。　　（　）

(4) 到人才交流会上找工作的大多是年轻人。　　（　）

(5) 年龄大而又有能力的人找起工作来较容易。　　（　）

2. 根据课文内容回答问题：

(1) 作者为什么辞职？

(2) 辞职后作者为什么一直没找到工作？

(3) 作者是怎样找到现在的工作的？这份工作怎么样？

(4) 通过本文，作者想告诉我们什么？

(5) 你对作者的经历有何感受？

3. 根据课文内容，选择合适的词语填空：

轻易　偶尔　居然　越发　如此　以为　终于　费　而

(1) 我怎么也没想到我_____会失业。
(2) 原来_____凭着工作经验和工作能力，再找一份工作不会_____多大力气。
(3) 挤在人才交流会上，周围都是年轻人，我_____感觉到机会对于我是那么少。
(4) _____也有单位不限制年龄，但条件又太差。
(5) 有的工作工作量挺大，_____工资却很低。
(6) _____这般折腾了近半年，托朋友介绍_____有了一份挣钱不多不少、职位不高不低的活儿。
(7) 不是已经找到了合适的工作，千万不要_____辞去现在的工作。

课 文（二）

改变不一定是坏事

字数：604字　　阅读时间：3分钟　　答题时间：16分钟

　　我的一位朋友曾做过一件事，我至今替他惋惜，有时我们闲聊天儿时提起那事，他嘴上虽不说什么，但从语气中，我能隐隐感觉到他还是有一点点后悔。

　　我的这位朋友当年有一个很好的机会，总公司派他到香港的分公司去工作。这其实是他一直梦想的事情。因为在总公司里，他工作得很不愉快,他觉得自己的才能被压制着不能发挥出来,英雄无用武之地。他曾悄悄对我说,真想离开这里,换个工作环境,他跟他的领导总是搞不好关系。那时,我看到他很认真地看报纸上的招聘广告,还在下班的时候打印了几份简历。我觉得他恐怕是动了真格的,换单位是势在必行的事了。然而事情发展得极不顺利。由于他已经过了三十五岁,他发出的简历没有答复;电话咨询,人家一听到他的年龄就婉言谢绝,他心里很不是滋味。正在这时,总公司将在香港成立分公司,由于学历高,他也在名单之列。这本来是个好机会,因为他早就想换个工作,以摆脱他的顶头上司。可在这个节骨眼儿上他退缩了,因为到香港分公司的人将采用聘任制,不合适的人,公司会毫不留情地在下一年度不再聘用。前段时间的应聘他还记忆犹新,如果自己真的不行,就有失去工作的可能,到时候再找就会碰到很多钉子。他思来想去,最后决定留在总公司,不到香港冒险。

　　这事已过去两年了,总公司现在也改成了聘任制。他很后悔当初没去香港试一试。

　　社会都在变,即使你不想变也是不可能的。改变有时会冒些风险,但也存在着希望。

(选自《精品购物指南》,林琳文,有改动)

练 习

1. 根据课文内容判断正误:
(1) 作者的朋友始终拿不准自己是否该换一份工作。　　　　　(　　)
(2) 由于年龄的原因,作者的朋友一直没找到一份理想的工作。(　　)
(3) 作者朋友的顶头上司是个很不好相处的人。　　　　　　　(　　)
(4) 作者的朋友对去香港分公司工作并不感兴趣。　　　　　　(　　)
(5) 由于香港分公司的工作不稳定,所以作者的朋友退缩了。　(　　)

(6) 现在在总公司工作也有失去工作的可能。　　　　　　　　（　　）

(7) 作者的朋友虽然对当年的决定感到后悔，但并不想表现出来。（　　）

2. 根据课文内容回答问题：

(1) 作者的朋友为什么想换一份工作？
_____

(2) 为了换工作，作者的朋友曾经做过什么努力？
_____

(3) 作者为什么主张他的朋友去香港分公司工作？
_____

(4) 作者的朋友为什么放弃了去香港分公司工作的机会？
_____

(5) 现在作者的朋友对当年的决定有何感想？为什么？
_____

(6) 通过本文，作者想告诉我们什么？
_____

(7) 你对作者的朋友有何看法？
_____

3. 解释下列句子中画线部分的意思：

(1) 他觉得自己的才能被压制着不能发挥出来，<u>英雄无用武之地</u>。

(2) 我觉得他恐怕是<u>动了真格的</u>，换单位是<u>势在必行</u>的事了。

(3) 人家一听到他的年龄就婉言谢绝，<u>他心里很不是滋味</u>。

(4) 可在<u>这个节骨眼儿上</u>他退缩了，因为到香港分公司的人将采用聘任制。

(5) 前段时间的应聘他还<u>记忆犹新</u>。

(6) 如果自己真的不行，就有失去工作的可能，到时候再找就会<u>碰到很多钉子</u>。

(7) 他<u>思来想去</u>，最后决定留在总公司，不到香港冒险。

第五课　Lesson 5

细读部分

生　词

1. 语录　yǔlù　（名）　某人言论的记录或摘录。
2. 气息　qìxī　（名）　气味。
3. 魅力　mèilì　（名）　很能吸引人的力量。
4. 警惕　jǐngtì　（动）　对可能发生的危险情况或错误倾向保持敏锐的感觉。
5. 陷阱　xiànjǐng　（名）　比喻害人的圈套。
6. 妥　tuǒ　（形）　（书面语）适当。
7. 逍遥　xiāoyáo　（形）　没有什么约束，自由自在。
8. 过瘾　guò yǐn　　　满足某种特别深的癖好，泛指满足爱好。
9. 痴心　chīxīn　（名）　沉迷于某人或某种事物的心思。
10. 好歹　hǎodǎi　（副）　不管怎样；无论如何。
11. 遗传　yíchuán　（动）　生物体的构造和生理机能等由上一代传给下一代。
12. 算计　suànji　（动）　考虑；打算。
13. 收支　shōuzhī　（名）　收入和支出。
14. 继承　jìchéng　（动）　泛指把前人的作风、文化、知识等接受过来。

15.	鉴定	jiàndìng	（动）	辨别并确定事物的真伪、优劣等。
16.	呼噜	hūlu	（名）	睡觉时发出的粗重的呼吸声。
17.	牢骚	láosao	（名）	烦闷不满的情绪。
18.	外遇	wàiyù	（名）	丈夫或妻子在家庭外面的不正当的男女关系。
19.	流浪	liúlàng	（动）	生活没有着落，到处转移，随地谋生。
20.	推托	tuītuō	（动）	借故拒绝。
21.	鉴赏	jiànshǎng	（动）	鉴定和欣赏（艺术品、文物等）。
22.	水分	shuǐfèn	（名）	比喻某一情况中夹杂的不真实的成分。
23.	麻木	mámù	（形）	比喻思想不敏锐，反应迟钝。
24.	不妨	bùfáng	（副）	表示可以这样做。

注 释

1 鱼尾纹
人到中年时眼角旁边出现的像鱼尾形状的皱纹。

2 青春痘（dòu）
人脸上出现的红疙瘩。因常在青春期时出现，故称为"青春痘"。

3 乘虚而入
趁着空虚进入。

4 婚外情
也称"婚外恋"，指已婚者与配偶以外的人发生的恋情。

5 打折
降低商品的定价（出售）。如：打八折、打折商品、不打折。

6 老公

妻子对自己丈夫的称呼。

7 有朝一日

将来有一天。

8 穷光蛋

穷苦人（含轻视的意思）。

9 说出个所以然

说出个道理。

10 了（liǎo）事

使事情结束（多指不彻底或不得已）。

11 砍价

顾客向商家讨价还价。

12 宰

比喻向买东西或接受服务的人索取高价。如：挨宰、宰人。

课　文

妻子语录

字数：1256字　　阅读时间：10分钟　　答题时间：25分钟

●你现在脸上的鱼尾纹与青春痘并生，说明你已经到了危险的年龄。女人喜欢成熟又有青春气息的男人，这对你不是什么好事，因为这会使你觉得自己有魅力，产生骄傲感，于是就放松了警惕，就很容易落入女人的陷阱。鱼尾纹是不好消除的，但青春痘尚可治疗。这不，今天上街我给你买了专治青春痘的药膏，你每天要坚持上药，要把"消除青春痘"上升到"维护爱情与家庭"的高度来认真对待。

● 你一个人去看电影，我觉得不妥。让熟人碰见，人家还以为我们夫妻之间关系紧张呢。听说现在电影院门口还有"陪看女郎"，她们见你孤单一人，不乘虚而入才怪呢！我并不是不爱看电影，但是，孩子念五年级了，每天作业一大堆，总不能叫他一个人在家苦读，我们却逍遥自在去。现在电视频道几百个，还有电影频道，你干吗非要上电影院呢？你说电视里的电影都是老片儿，不过瘾。什么叫过瘾？难道如今电影中的那些婚外情就过瘾，而老片儿中的痴心相恋就不过瘾？

● 你以后给别人写情书，不要写英文，本来我还想给你遮着点儿，你一写英文，我就不得不找人翻译，人家的嘴我可堵不住。

● 你瞧瞧，你宝贝儿子的数学成绩，多丢人哪！上次考60分的时候，我就要打他，你妈妈说这成绩跟她的年龄一样，好歹算是大寿。这次倒好，考个36分，跟你的年龄一样。你说该不该打？

● 我越来越觉得这孩子不是我们亲生的。想当年，你写的情书多么优美，古今中外的名言佳句全集合在你的笔下，尽管后来知道那都是从书上抄来的，可是你至少成功地骗到了我。我们的孩子连抄刚读过的课文都被老师挑出一大堆错，说明你的优点根本没有遗传给他。

● 正像你说的，我是个精于算计的女人，家里的收支都查之有据。去年元旦商店打折，给你买了套西装，营业员用计算器敲了半天，还多算了我们二十，我口算一遍就把二十算回来了。我们的孩子这次期中考试，一道计算题得数少了200都没感觉，看来他也没继承我的优点。你说，我们是不是去搞一下亲子鉴定？

● 阿咪讲，她老公找了一个比她年轻漂亮的情人，快把她给气死了。我说："光自己生气不行，你干脆出去旅游，散散心，让那女人给他洗臭袜子，替他煮饭洗碗，听他打呼噜……让你老公看她做家务笨手笨脚的，听她发牢骚，听她给别的男人打甜蜜的电话……总之，干脆让他们过过夫妻生活,看最后生气的是谁!"你先别开心,以为有朝一日你有了外遇,我也会让你们同居,做梦!我任何时候都要守着这个家,等你流浪得累了,被那个女人折腾得像个穷光蛋,至少还有个家让你想着。

● 让你陪我逛商场别再三推托,这对你至少有两大好处。一是有助于提高你对时装的鉴赏水平,今后赞美我穿的衣服好看,也能说出个所以然来,别总是一个"好"字了事;二是有助于你提高讨价还价的水平,你看看我怎么跟别人砍价,就明白价格的水分不挤不知道,一挤吓一跳。往后上街买菜,你就不会连价都不问,人家说多少就给多少,让人宰了还不知道疼在哪里。这叫"麻木",懂不懂?下次你再这样买菜,走的时候不妨回头看一看,摊主准在笑,他们不是因为赚了钱笑,而是笑你傻呀!

(选自《北京晚报》,黄橙文,有改动)

练 习

1. 根据课文内容判断正误:

(1) 这是一篇具有幽默风格的文章。　　　　　　　　　(　　)
(2) 写这篇文章的妻子脾气很坏。　　　　　　　　　　(　　)
(3) 妻子认为没有必要非去电影院看电影。　　　　　　(　　)
(4) 他们的孩子学习很差。　　　　　　　　　　　　　(　　)
(5) 他们的孩子是个粗心大意的学生。　　　　　　　　(　　)
(6) 丈夫买东西不会讨价还价。　　　　　　　　　　　(　　)
(7) 丈夫去买东西时发现摊主在嘲笑他。　　　　　　　(　　)
(8) 妻子对丈夫有一些不满意。　　　　　　　　　　　(　　)

第五课
Lesson 5

2. 根据课文内容回答问题：

(1) 为什么妻子说丈夫到了危险的年龄？

_____

(2) 妻子为什么不赞成丈夫独自去电影院看电影？

_____

(3) 妻子为什么不陪丈夫去电影院看电影？

_____

(4) 丈夫为什么喜欢去电影院看电影？

_____

(5) 妻子为什么不让丈夫用英文写情书？

_____

(6) 孩子考试成绩差，妻子为什么没打他？

_____

(7) 为什么妻子说孩子没继承丈夫的"优点"？

_____

(8) 妻子为什么想搞亲子鉴定？

_____

(9) 妻子给阿咪出的主意想说明什么？

_____

(10) 妻子认为让丈夫陪自己逛商店有什么好处？

_____

(11) 看完本文，你对这位妻子有何评价？

_____

3. 根据课文内容，选择合适的词语填空：

(1) 女人喜欢成熟又有青春_____的男人，这对你不是什么好事。
　　 A. 气氛　　　　B. 气象　　　　C. 气息　　　　D. 信息

51

(2) 因为这会使你觉得自己有魅力，_____骄傲感，于是就放松了警惕，就很容易_____女人的陷阱。

    A. 发生   B. 产生   C. 生产   D. 出生

    A. 落入   B. 落地   C. 落下   D. 降落

(3) 今天上街我给你买了_____治青春痘的药膏，你每天要坚持_____药。

    A. 就   B. 专   C. 只   D. 仅

    A. 上   B. 吃   C. 使   D. 放

(4) 让熟人碰见，人家还以为我们夫妻_____关系紧张呢。

    A. 之间   B. 之中   C. 感觉   D. 感到

(5) 她们见你孤单一人，不乘虚而入_____怪呢！

    A. 才   B. 就   C. 是   D. 可

(6) 我_____不是不爱看电影，但是，孩子念五年级了，每天作业一大堆，_____不能叫他一个人在家苦读，我们_____逍遥自在去。

    A. 而   B. 才   C. 并   D. 就

    A. 总   B. 也   C. 哪   D. 就

    A. 就   B. 可   C. 而   D. 却

(7) 现在电视频道几百个，还有电影频道，你干吗_____要上电影院呢？

    A. 非   B. 定   C. 得   D. 可

(8) 你妈妈说这成绩跟她的年龄一样，好歹_____大寿。

    A. 算是   B. 可是   C. 就是   D. 正巧

(9) 想当年，你写的情书多么_____，古今中外的名言佳句全集合在你的_____。

    A. 优美   B. 美好   C. 优秀   D. 秀美

    A. 笔中   B. 笔上   C. 笔里   D. 笔下

(10) 我们的孩子_____抄刚读过的课文都被老师挑出一大堆错，说明你的优点_____没有遗传给他。

　　A. 只　　　　B. 连　　　　C. 就　　　　D. 才

　　A. 差点儿　　B. 并且　　　C. 十分　　　D. 根本

(11) 让你老公看她做家务笨手笨脚的，听她_____牢骚。

　　A. 发　　　　B. 说　　　　C. 闹　　　　D. 讲

(12) 一是_____提高你对时装的鉴赏水平，今后赞美我穿的衣服好看，也能说出个所以然来，别总是一个"好"字了事。

　　A. 有帮助　　B. 有助于　　C. 帮忙　　　D. 求助于

4. 解释下列句子中画线部分的意思：

(1) 你一个人去看电影，我<u>觉得不妥</u>。

(2) 她们见你孤单一人，<u>不乘虚而入才怪呢</u>！

(3) 总不能叫他一个人在家苦读，我们却<u>逍遥自在</u>去。

(4) 你一写英文，我就<u>不得不</u>找人翻译，<u>人家的嘴我可堵不住</u>。

(5) 正像你说的，我是个<u>精于算计</u>的女人，家里的收支都<u>查之有据</u>。

(6) 让你逛商场别<u>再三推托</u>，这对你至少有两大好处。

(7) 今后赞美我穿的衣服好看，也<u>能说出个所以然来</u>，别<u>总是一个"好"字了事</u>。

(8) 你看看我怎么<u>跟别人砍价</u>，就明白<u>价格的水分不挤不知道，一挤吓一跳</u>。

(9) 往后上街买菜，你就不会连价都不问，<u>人家说多少就给多少</u>，让人宰了还不知道疼在哪里。

(10) 下次你再这样买菜，走的时候<u>不妨回头看一看</u>，<u>摊主准在笑</u>，他们不是因为赚了钱笑，而是笑你傻呀！

快读部分

生 词

1. 奉行　　　fèngxíng　　（动）　　遵照执行。
2. 可观　　　kěguān　　　（形）　　达到的程度比较高。
3. 比率　　　bǐlǜ　　　　（名）　　两个数相比所得的值。
4. 如出一辙　rú chū yì zhé　　　　形容两件事情非常相像。
5. 异口同声　yì kǒu tóng shēng　　很多人说同样的话。
6. 斩钉截铁　zhǎn dīng jié tiě　　形容说话办事坚决果断，毫不犹豫。
7. 富裕　　　fùyù　　　　（形）　　人拥有的财产多。
8. 念头　　　niàntou　　 （名）　　心里的打算。
9. 受罪　　　shòu zuì　　　　　　受到折磨。（常指遇到不愉快的事。）
10. 业绩　　　yèjì　　　　（名）　　建立的功劳和完成的事业。
11. 骄人　　　jiāorén　　 （形）　　值得骄傲。
12. 报酬　　　bàochou　　（名）　　由于使用别人的劳动而付给别人的钱。
13. 执著　　　zhízhuó　　（形）　　指一直坚持，不改变。
14. 拼搏　　　pīnbó　　　（动）　　使出全部力量搏斗或争取。
15. 偏激　　　piānjī　　　（形）　　（意见、主张等）过火。
16. 例外　　　lìwài　　　　（动、名）在一般的情况以外。
17. 开朗　　　kāilǎng　　 （形）　　（性格等）乐观；畅快；不忧愁。
18. 随心所欲　suí xīn suǒ yù　　　一切都由着自己的心意，想怎么做就怎么做。
19. 逃避　　　táobì　　　（动）　　躲开不愿意或不敢接触的事物。

注 释

1. **育龄**
   适合生育的年龄。

2. **不孝有三，无后为大**
   这是中国的一句古话，意思是不孝有三个方面，其中家族没有继承人是最大的不孝。

3. **天方夜谭**
   比喻只可能存在于神话中，现实中不可能发生。

4. **外企**
   "外资企业"的简称，指完全由外国投资的企业。

5. **岁月不饶人**
   年龄变老是不可抗拒的。饶，宽容。

6. **跨国公司**
   国际性公司。

7. **闯关**
   比喻克服很难克服的困难。

8. **一席之地**
   比喻极小的一块地方或极小的一个位置。

9. **十八般武艺**
   指使用刀、枪、剑等十八种古式兵器的武艺，现一般用来比喻各种技能。

10. **前卫**
    比喻走在时代、潮流的前面。

11　养儿防老

生子女是为了以后老了靠子女供养。

课　文

我不想做爸爸

字数：1639字　　阅读时间：8分钟　　答题时间：16分钟

随着社会的发展，人们的生育观念也有了很大的变化。据有关资料表明，目前我国大约有10%的育龄夫妇不准备要孩子，这个数字对于千百年来奉行"不孝有三，无后为大"的中国家庭来说，已经很可观了。这些家庭夫妇俩人的平均教育水平一般都在本科以上，正如一位心理学家所说，越是教育水平高的人，不要孩子的可能性就越大。而在这些家庭中，由男性提出不要孩子的比率占到60%，比女性要高。那么，这些不想做爸爸的男人到底在想什么呢？

"我没有能力负担孩子"

在被采访的七位此类家庭的男性成员中，记者问到不想做爸爸的原因时，竟然有四个人的答案如出一辙："我没有能力负担孩子。"而这四位放弃做父亲权利的男性平均年薪为8万元。如果再加上"另一半"的收入，还负担不了一个孩子的生活、学习费用实在是天方夜谭。但这些男性异口同声地声明："如果生孩子，就要让孩子过最好的生活，受最好的教育，不然就不生。"

陈先生应该是这些不做爸爸的男人中颇具代表性的人物。陈先生今年30岁，结婚两年，目前在一家外企工作，月薪1万元左右。妻子是大学教师，月薪也有5000元。但陈先生斩钉截铁地说："我们的家庭养不起孩子。"当记者问，依他看什么样的家庭能养得起孩子的时候,陈先生说:"这个我没有想过,但我觉得我们现在的工资仅够维持我们自己的生活,当然这是一种比较富裕的生活。但是我觉得这是我所能接受的生活,如果有个孩子,我们的生活水平就要下降,对我们、对孩子都不好。而且,我觉得我们都已经30岁了,就算再过几年,经济水平达到能负担孩子的标准,但年纪大了,生孩子会有问题,对孩子更不好。我还是那句话,如果生,就要生一个健康的孩子,就要给他所有最好的东西,让他更多地体会世界的美好,不然就不生。"

像陈先生这种坚持为孩子创造一个理想空间的男性不在少数,但他们通常都说不出他们所谓的理想空间是什么样的,而只知道自己现在的生活并不是孩子生长的理想空间。再加上岁月不饶人,过了最佳生育年龄,即便经济上没有问题了,追求完美的他们也不会再有做爸爸的念头。

"我不想让我的孩子受罪"

李先生在一家跨国公司做财务主管,业绩骄人,报酬可观。但李先生却是一个坚决不愿做父亲的人。当年他结婚的时候,就曾为这件事连闯父母、岳父母和妻子三关,他的据理力争和执著最终说服家人同意了他的想法。李先生不想做父亲的理由是不想让孩子受罪。"这里所谓的'受罪'并不单指经济上的问题,"李先生解释道,"更多的是来自现在这个竞争激烈的社会。我们从小到大为学业、为工作、为社会地位奋力拼搏,才能挣到自己的一席之地。我们吃的苦够多了,我不想再让孩子吃这个苦。看看现在的孩子,小小年纪就没有星期六、星期天,背着书包去上这个班、那个班,这是没办法的事,如果现在不学习'十八般武艺',将来就会被有'十八般武艺'的人挤垮!现在的孩子几乎没有童年,成年从6岁甚至学龄前就开始了。这样的人生,我们没有选择地体会了一次,有时在最痛苦的时候,我常常问自己为什么要到这个世界上来。我不想再制造一个生命去体会生活的艰辛。也许我有些偏激，这世界上还有很多美好的东西，但是，我不知道我的孩子所遇到的会是美好多还是痛苦多。我不想冒这个险。有我这种想法的人大有人在，我的很多朋友都是如此。所以，我们应该不能算是例外。"

"我不想被孩子打扰"

张先生是一个活泼开朗的前卫青年，他不想做爸爸的理由似乎很简单："我不想被孩子打扰。我和妻子都觉得'两人世界'很好，我们有很多共同的兴趣和爱好，也有各自的自由空间。如果有了孩子，我们的自由就少多了，不能去旅游，不能随心所欲地做自己想做的事。说白了，我觉得孩子是个负担。而且'养儿防老'这句话早就过时了，现在就算把孩子养大了，也不见得能'防老'，不然为什么会有劝孩子《常回家看看》这样的歌曲？"当记者问张先生觉不觉得这种想法是逃避责任的时候，张先生说："我倒觉得我这是负责任的表现。如果我有了孩子，可我没有耐心和时间去照顾他，那叫负责任吗？"

(选自《精品购物指南》，夏伟匀文，有改动)

练 习

1. 根据课文内容选择正确答案：

(1) 本文主要谈论的问题是：
　　A. 年轻人的生育观念有问题　　B. 男人不想要孩子的原因
　　C. 年轻妇女生育观念的变化　　D. 受教育程度跟生育的关系

(2) 下列哪种人不想要孩子的比例最大？
　　A. 当爸爸的人　　　　　　　　B. 不负责任的人
　　C. 挣钱少的人　　　　　　　　D. 受教育程度高的人

(3) 为什么陈先生是那些不做爸爸的男人中具有代表性的人物?
   A. 他不想要孩子
   B. 他挣钱很多
   C. 他与这类人经常交往
   D. 他身上集中了这类人的主要特点

(4) 李先生为什么不想要孩子?
   A. 现在的孩子都没有童年
   B. 孩子在竞争的社会中充满艰辛
   C. 他不知道自己为什么出生
   D. 这个世界上只有痛苦

(5) 张先生不想要孩子的原因是什么?
   A. 他是个不负责任的人
   B. "养儿防老"这句话早就过时了
   C. 他喜欢自由自在的生活
   D. 他与妻子有许多共同的兴趣和爱好

(6) 根据全文,文中提到的10%的年轻夫妻不想要孩子的原因最可能是哪一项?
   A. 他们觉得养育孩子也不能防老
   B. 他们觉得养育孩子太辛苦
   C. 他们不想降低自己的生活标准
   D. 他们担心影响自己的事业

2. 根据课文内容回答问题:

(1) 什么样的群体不想要孩子的比例最大?
   _____

(2) 陈先生不想要孩子的理由是什么?
   _____

(3) 陈先生是否真的养不起孩子？

(4) 李先生为什么不想要孩子？他的家人态度如何？

(5) 张先生为什么不想要孩子？

(6) 根据全文，这些不想要孩子的先生不要孩子的理由主要有哪些？

(7) 你对这几位先生有何看法？

(8) 在你们国家，人们的生育观念与以往相比有何变化？

3. 解释下列句子中画线部分的意思：

(1) 这个数字对于<u>千百年来奉行"不孝有三，无后为大"</u>的中国家庭来说，已经<u>很可观</u>了。

(2) 记者问到不想做爸爸的原因时，<u>竟然有四个人的答案如出一辙</u>："我没有能力负担孩子。"

(3) 而这四位放弃做父亲权利的男性平均年薪为8万元。如果<u>再加上"另一半"的收入</u>，还负担不了一个孩子的生活、学习费用<u>实在是天方夜谭</u>。

(4) 但陈先生<u>斩钉截铁</u>地说："我们的家庭养不起孩子。"

(5) 像陈先生这种<u>坚持</u>为孩子创造一个理想空间的男性<u>不在少数</u>。

(6) 李先生在一家跨国公司做财务主管，<u>业绩骄人</u>，<u>报酬可观</u>。

(7) 当年他结婚的时候，就曾为这件事<u>连闯父母、岳父母和妻子三关</u>，他的<u>据理力争</u>和<u>执著</u>最终说服家人同意了他的想法。

(8) 如果现在不学习"<u>十八般武艺</u>"，将来就会被有"十八般武艺"的人挤垮！

(9) 有我这种想法的人<u>大有人在</u>，我的很多朋友都是如此。

(10) <u>说白了</u>，我觉得孩子是个负担。

第六课　Lesson 6

细读部分

生　词

1. 摄　　　　shè　　　　　　　　　吸收（营养等）。
2. 细致入微　xìzhì rùwēi　　　　　达到非常细心的地步。
3. 温柔　　　wēnróu　　　（形）　温和柔顺。（多形容女性。）
4. 喋喋不休　diédié bù xiū　　　　形容没完没了地说话。
5. 招架　　　zhāojià　　　（动）　抵挡。
6. 憧憬　　　chōngjǐng　　（动）　向往。
7. 烦琐　　　fánsuǒ　　　（形）　繁杂琐碎。
8. 触摸　　　chùmō　　　（动）　用手碰；用手摸。
9. 依赖　　　yīlài　　　　（动）　依靠别的人或事物而不能自立。
10. 划一　　　huàyī　　　（形）　一致；一律。
11. 讥讽　　　jīfěng　　　（动）　用尖刻的话指责或嘲笑对方的错误、缺点或某种表现。
12. 众多　　　zhòngduō　　（形）　很多。
13. 无可厚非　wú kě hòu fēi　　　　不可过分指责。表示虽有缺点，但是可以原谅。
14. 诱惑　　　yòuhuò　　　（动）　吸引；招引。
15. 偏差　　　piānchā　　　（名）　工作上产生的过分或不及的差错。
16. 陷入　　　xiànrù　　　（动）　处在（不利的情况）。

17.	境地	jìngdì	（名）	生活上或工作上遇到的情况。
18.	警觉	jǐngjué	（名）	对危险或情况变化的敏锐感觉。
19.	理智	lǐzhì	（名）	辨别是非、利害关系以及控制自己行为的能力。
20.	追随	zhuīsuí	（动）	跟着别人走，跟随。

注　释

1　维生素
人和动物生长所必需的营养元素。（vitamin）

2　方方面面
各个方面。

3　代劳
代替自己做事。如：我太忙，这件事只好请你代劳了。

4　眉目
比喻事情的条理。"初见眉目"指对事情已开始有所认识了。

5　智能化
使电脑或机器具有人脑的某些能力。

6　试想
试着想想，用于质问。如：试想你这样做会有好的结果吗？

7　皮毛
比喻表面的知识。如：在电脑方面，我只知道些皮毛。

8　饭来张口，衣来伸手
比喻过分依赖别人，自己什么也不做。

9 腾

使空（kòng）出来。如：腾出一间屋子、腾出时间。

10 犯嘀咕

表示怀疑、不信任。如：虽然都商量好了，但他心里还在犯嘀咕。

11 皇历

旧时的历书，也作黄历，主要内容为24节气的日期表、当天的吉凶等。如：某日"宜"（yí，适合、应当）做某事，"不宜"（不应当）做某事。

12 傻瓜化

使之变成自动的，不用人自己动脑子思考、调整。

13 寸步

指极短的距离。如："寸步难行"，比喻做某项工作困难极大，难以进行。又如：寸步不让、寸步不离。

课 文

"标准化"生活

字数：918字　　阅读时间：8分钟　　答题时间：16分钟

现代生活越来越精致了，我们刚刚习惯了污染指数、穿衣指数之类，听说最近又出现了啤酒指数、冷饮指数……类似的指数还有很多。什么每天该摄入多少维生素啦，多吃点儿什么少吃点儿什么啦，出门旅游穿什么鞋啦，门厅哪个角落摆什么好看啦，等等。相信随着科技的发展，涉及我们生活方方面面类似的"标准"会越来越多。

也许从小关于人生理想、婚恋道德的大道理听得太多了，初见这些"指数"，那种细致入微的关照，就像一个温柔的恋人提醒你出门多披件外套，还颇有些感动；可当这"关照"日益变得喋喋不休时，就渐渐觉得招架不住了。

记得小时候对未来最憧憬的情形之一，就是生活中的一切烦琐劳动都由"机器人"代劳。现在这种梦想的实现已初见眉目，乐观地说我们离"幸福生活"已为时不远。比如智能化冰箱能告诉远在超市的你，什么该买了，什么该扔了；或者干脆整个房间就是个大机器人，回家一进门，灯亮了、音乐响起、洗澡水放好、饭也做得了……当然一切都是有"指数"的。

这样的日子还停留在幻想中的时候，以为它要多美有多美，可如今刚触摸到一些"现代化"的皮毛，就已觉出了不妥。所谓"现代化"必须是工业化的，必须依赖于机器，而机器操作的结果就是"标准化"。试想，如果将来我们生活中的一切都"标准化"了，天天吃着"标准化"的饭菜，呼吸着"标准化"的空气，甚至等人类完全可以"制造"出"标准化的人"，先不说我们"饭来张口，衣来伸手"后都干吗去（我想未必腾出工夫来都去做些"更有意义"的事），单是这种整齐划一的生活就让人心里犯嘀咕。细想想，我们生活中的无数趣味不就在它的多样性、不可知性和偶然性当中吗？如果衣食住行都依"指数"而行，这倒让人想起原先遭我们讥讽的"不宜出门"的老皇历。

众多"指数"也好，"智能化"也罢，都因为我们想生活得舒适一些、"科学"一些，本来无可厚非，可这种舒适的诱惑会使人不由自主地产生依赖，"傻瓜化"的结果也许真的会将人变成凡事不问究竟的傻瓜。一旦有那么一天，当我们失去了所依赖的种种，哪怕只出现些小小的偏差，会不会发觉自己竟已陷入寸步难行的境地？

我想，人在"现代化的标准"面前，还有必要保持些警觉和理智，不要盲目地去追随。

(选自《北京晚报》，晓昕文，有改动)

练 习

1. 根据课文内容选择正确答案：

(1) 本文主要谈论的问题是：

　　A. "标准化"生活可能带来的问题

　　B. 对"标准化"生活的向往

　　C. 彻底否定"标准化"生活

　　D. 厌恶"标准化"生活

(2) 对各种提醒人们注意的"指数"，作者的态度是：

　　A. 非常厌恶　　　　　　B. 颇受感动

　　C. 觉得没什么必要　　　D. 应当适可而止

(3) 作者认为"标准化"生活会怎么样？

　　A. 单调乏味

　　B. 有更多的时间做有意义的事

　　C. 具有多样性、不可知性

　　D. 要多美有多美

(4) 面对"标准化"生活，作者希望人们：

　　A. 好好儿享受这种生活

　　B. 彻底否定这种生活

　　C. 保持清醒的头脑

　　D. 不顾一切地去追求这种生活

2. 根据课文内容回答问题：

(1) 作者为什么说现代生活越来越精致了？

　　_____

(2) 对各种"指数"，作者前后态度有何变化？

　　_____

(3) 作者以前曾憧憬一种什么样的生活?

(4) "标准化"生活是一种什么情形?

(5) "标准化"生活会带来什么问题?

(6) 人们应该怎么面对"标准化"生活?

(7) 你对"标准化"生活有何看法?

3. 解释下列句子中画线部分的意思：

(1) 初见这些"指数"，那种<u>细致入微的关照</u>，就像一个温柔的恋人提醒你出门多披件外套，还颇有些感动。

(2) 可当这"关照"<u>日益</u>变得喋喋不休时，就渐渐觉得<u>招架不住</u>了。

(3) 现在这种梦想的实现已<u>初见眉目</u>，乐观地说我们离"幸福生活"已<u>为时不远</u>。

(4) 可如今刚触摸到一些<u>"现代化"的皮毛</u>，就已<u>觉出了不妥</u>。

(5) 先不说我们<u>"饭来张口，衣来伸手"</u>后都干吗去，单是这种整齐划一的<u>生活就让人心里犯嘀咕</u>。

(6) 众多"指数"也好，"智能化"也罢，都因为我们想生活得舒适一些、"科学"一些，本来<u>无可厚非</u>，可这种舒适的诱惑会使人不由自主地产生依赖，"<u>傻瓜化</u>"的结果也许真的会将人<u>变成凡事不问究竟的傻瓜</u>。

(7) 哪怕只出现些小小的偏差，会不会发觉自己竟已<u>陷入寸步难行的境地</u>?

(8) 人在"现代化的标准"面前，<u>还有必要保持些警觉和理智，不要盲目地去追随</u>。

第六课
Lesson 6

快读部分

生　词

1.	物种	wùzhǒng	（名）	生物分类的基本单位，不同物种的生物在生态和形态上具有不同的特点。
2.	消亡	xiāowáng	（动）	消失，灭亡。
3.	频频	pínpín	（副）	连续不断地。
4.	灭绝	mièjué	（动）	完全消灭。
5.	考古学家	kǎogǔxuéjiā	（名）	从事发掘、研究古代遗物及遗迹工作的专家。
6.	遗址	yízhǐ	（名）	毁坏的古代建筑物所在的地方。
7.	发掘	fājué	（动）	挖出埋在地下的东西。
8.	呛人	qiàng rén		刺激性的气体给人难受的感觉。
9.	摸索	mōsuǒ	（动）	试探着（寻找）。
10.	问世	wènshì	（动）	新的东西出现。
11.	寄托	jìtuō	（动）	把希望、感情等放在某人或某事情上。
12.	柔和	róuhé	（形）	温和而不强烈。
13.	舒缓	shūhuǎn	（形）	缓和。
14.	享用	xiǎngyòng	（动）	令人满足地使用。
15.	延续	yánxù	（动）	照原来样子继续下去；延长下去。
16.	雅趣	yǎqù	（名）	高雅的趣味。
17.	程序	chéngxù	（名）	事情进行的先后次序。

18.	优雅	yōuyǎ	（形）	优美高雅。
19.	礼数	lǐshù	（名）	礼貌；礼节。
20.	匆匆	cōngcōng	（形）	急急忙忙的样子。
21.	呷	xiā	（动）	小口喝。
22.	驱逐	qūzhú	（动）	赶走。
23.	不惜	bùxī	（动）	不顾惜；舍得。

专　名

埃及　　Āijí　　　　　　　国名（Egypt）

注　释

1 **暖色**
给人温暖感觉的颜色。如：红色、橙色、黄色。

2 **眼帘**
眼皮或眼内。"映入眼帘"或"闯入眼帘"就是眼睛看到的意思。

3 **司空见惯**
表示看惯了就不觉得奇怪了。

4 **熟视无睹**（dǔ）
指对事物不关心，虽然经常看见，还跟没看见一样。

5 **大声疾**（jí）**呼**
大声呼喊，提醒人们注意。疾，猛烈；急速。

6 **烟熏**（xūn）**火燎**（liǎo）
烟太大、火太旺，给人不舒服的感觉。

7　只可意会，不可言传

只能用心去体会，无法用话具体表达。

8　生灵

指有生命的东西。

9　生机

生命力；活力。如：生机勃勃、充满生机。

课　文

让我们留住暖色的回忆

字数：1289字　　阅读时间：7分钟　　答题时间：20分钟

人类文明史也许是一部消灭自己的历史：有多少物种被人消灭了？有多少人类自己创造的灿烂文化也已经消亡了？

所以，进入21世纪以后，"保护"成了一个频频闯入眼帘、让人心动的词语。人类迈入了21世纪，也应当为自己保留下一些暖色的回忆。文化和环境方面的保护自然会引起政府和有关团体的高度重视。那么，谁来保护我们司空见惯的东西呢？

人们对日常用品太熟视无睹了，普通人更不会为一件普通的物品面临灭绝而大声疾呼。

蜡烛　公元前3000年，古代埃及人就已经开始使用蜡烛了。考古学家从公元前2500年克里特岛上的克里特文化遗址中发掘出了烛架。

整个中世纪，蜡烛是人们的必需品。虽然早期的蜡烛烟熏火燎，甚至呛人，但毕竟可在日落之后发出光亮，使人免于在黑暗中摸索。

从19世纪中叶到末期，汽灯和电灯先后问世，蜡烛不再是主要的照明方式，但在很多仪式和特殊场合，蜡烛依然是必不可少的。即便是现在，在某些特殊场合，用电灯、日光灯照明都是不可想象的。

从20世纪后期起，蜡烛守夜成为团结一致、寄托感情的象征。各种各样的现代化灯具不断问世，但蜡烛依然走入了21世纪：烛光柔和，给人以温暖的感觉，有时给人安慰，有时表示思念，电灯无法具有如此多的含义。所以，我们不应当仅仅在特殊的场合点燃蜡烛，日常生活中也应当不时点亮蜡烛：烛光会让你的脚步舒缓下来，让你的情绪放松下来，让你的呼吸均匀起来。

团圆饭 很多人已经开始没有时间坐下吃饭了，还有很多人在车里、在办公室甚至在街头随便买点儿盒饭凑合了事。从什么时候开始，家里人已经不能同时围着一张桌子进餐了？这可不是什么未来的风景，我们已经处于这样的时代了。家人未到齐不揭锅盖已成了非常模糊的记忆。

不妨实验一下：今天晚上拒绝一切应酬回家，炒几道菜，关上电视，摆好桌子和家人慢慢享用。不要急于刷洗碗筷，看看您自己、您的孩子和家人会有什么感觉。我们已经步入21世纪，但团圆饭千万别在这个世纪成为"文物"。

茶 饮茶之风已经延续了数千年。饮茶之道可繁可简：可以匆匆饮下一杯袋泡茶，也可以在茶道中享受茶、茶道的雅趣。茶道虽然不过是沏茶、倒茶等程序，但展现出的优雅、礼数却是只可意会，不可言传的。

21世纪，人类的脚步更加匆匆，生活节奏变得更快。在结束了一天不停地敲击键盘和各种各样的按钮之后，静下心来呷一口茶，至少会使你紧张的神经放松下来，获得暂时的安宁。

鸽子 鸽子优雅多姿，适应能力很强。但是，现在有不少城市在驱逐甚至消灭这可爱的生灵。鸽子在寻找充足的食物和遮风蔽雨的窝，它们喜欢聚在一起集体活动，它们追求爱情并生养后代，基本需求和人没有什么两样。

第六课
Lesson 6

鸽子在人类历史上有过崇高的贡献，从传递音信到象征和平，甚至不惜葬身人口。现在，鸽子被广泛用于各种科学研究项目中。可是，现在好多人突然觉得受不了鸽子在身边存在了。试想一下，在21世纪高楼林立的城市上空，如果没有洁白的鸽群掠过，世界会失去多少生气！

要知道，值得保留的平常物品还远不止这些。这些东西看似可有可无，使你常常忘记它们的存在，可一旦缺少，生活便会失去许多温情、许多色彩、许多生机……

(选自《北京青年报》，贾宪文，有改动)

练 习

1. 根据课文内容判断正误：
   (1) 本文呼吁人们保护自己创造的文化遗产。   （   ）
   (2) 即使一些不起眼的东西也应当加以珍惜。   （   ）
   (3) 本文之所以提出保护蜡烛之类的东西，是因为它们不可缺少。（   ）
   (4) 蜡烛的独特功能是别的照明设备所不可替代的。   （   ）
   (5) 虽然经历了几千年，但蜡烛的功能却始终没有改变。   （   ）
   (6) 21世纪已出现家人不能一起进餐的现象。   （   ）
   (7) 作者认为茶道过于讲究高雅、讲究礼数了。   （   ）
   (8) 作者认为当今值得保留的东西只有蜡烛、团圆饭、茶和鸽子。（   ）

2. 根据课文内容回答问题：
   (1) 自发明蜡烛以来，蜡烛的功能有何变化？

   (2) 本文的"团圆饭"指的是什么？作者为什么提出这个问题？

(3) 作者认为茶对现代人的生活能产生什么影响？

(4) 作者主张保护鸽子的理由是什么？

(5) 作者为什么主张保护一些司空见惯的东西？

(6) 在这个世纪，你希望保留的东西有哪些？

3. 选择对下列画线词语或句子的恰当解释：

(1) "保护"成了一个<u>频频闯入眼帘、让人心动</u>的词语。
    A. 这个词常常看到，也常常听到
    B. 这个词常常看到，并能打动人

(2) 人类迈入了21世纪，也应当为自己保留下一些<u>暖色的回忆</u>。
    A. 对春天的回想
    B. 给人温暖感觉的回想

(3) 很多人在车里、在办公室甚至在街头随便买点儿盒饭<u>凑合了事</u>。
    A. 只要吃饱了就行
    B. 数量太少，不够吃

(4) <u>家人未到齐不揭锅盖</u>已成了非常模糊的记忆。
    A. 家里人到齐了才做饭
    B. 家里人到齐了才吃饭

(5) 团圆饭千万别在这个世纪成为<u>"文物"</u>。
    A. 成为宝贵的东西
    B. 成为历史

(6) 饮茶之道<u>可繁可简</u>：可以匆匆饮下一杯袋泡茶，也可以在茶道中享受茶、茶道的雅趣。
    A. 可以复杂也可以简单
    B. 可以快也可以慢

(7) 鸽子在寻找充足的食物和<u>遮风蔽雨的窝</u>。
    A. 可以躲避风雨的家
    B. 挡不住风雨的家

(8) 鸽子在人类历史上有过崇高的贡献，从传递音信到象征和平，甚至不惜葬身人口。

　　A. 死在人群中　　　　　　B. 让人吃掉

(9) 这些东西看似可有可无，使你常常忘记它们的存在。

　　A. 好像价值不大　　　　　B. 已经不存在了

4. 根据课文内容，选择合适的词语填空：

引起　使用　消灭　大声　问世　节奏　存在　发出　创造
甚至　用于　迈入　起来　保留　放松　匆匆　想象　下来

(1) 有多少物种被人_____了？有多少人类自己_____的灿烂文化也已经消亡了？

(2) 人类_____了21世纪，也应当为自己_____下一些暖色的回忆。

(3) 文化和环境方面的保护自然会_____政府和有关团体的高度重视。

(4) 普通人更不会为一件普通的物品面临灭绝而_____疾呼。

(5) 公元前3000年，古代埃及人就已经开始_____蜡烛了。

(6) 虽然早期的蜡烛烟熏火燎，_____呛人，但毕竟可在日落之后_____光亮，使人免于在黑暗中摸索。

(7) 从19世纪中叶到末期，汽灯和电灯先后_____。

(8) 即便是现在，在某些特殊场合，用电灯、日光灯照明都是不可_____的。

(9) 烛光会让你的脚步舒缓_____，让你的情绪_____下来，让你的呼吸均匀_____。

(10) 21世纪，人类的脚步更加_____，生活_____变得更快。

(11) 鸽子被广泛_____各种科学研究项目中。

(12) 这些东西看似可有可无，使你常常忘记它们的_____。

第七课　Lesson 7

细读部分

生　词

1.	聚会	jùhuì	（动）	人相会到一起。
2.	培训	péixùn	（动）	培养（人）。
3.	碌碌无为	lùlù wú wéi		平庸，没有特殊能力，毫无作为。
4.	悲哀	bēi'āi	（形）	伤心。
5.	拥有	yōngyǒu	（动）	有；具有。
6.	宽慰	kuānwèi	（动）	宽解安慰。
7.	隐隐约约	yǐnyǐn yuēyuē		看起来或听起来不很清楚；感觉不很明显。
8.	郁闷	yùmèn	（形）	烦闷；不舒畅。
9.	蒙	mēng	（动）	形容头脑昏乱。
10.	半途而废	bàntú ér fèi		事情没有做完就停止了。
11.	割爱	gē'ài	（动）	放弃心爱的东西。
12.	歉疚	qiànjiù	（形）	觉得对不住别人，对自己的过失感到不安。
13.	负罪	fùzuì	（动）	担负罪责；背负罪名。
14.	灰暗	huī'àn	（形）	暗淡，不鲜明。
15.	残忍	cánrěn	（形）	狠毒。
16.	舍弃	shěqì	（动）	丢开；抛弃；放弃。

17.	伴侣	bànlǚ	（名）	在一起生活、工作或旅行的人。
18.	迷惘	míwǎng	（形）	由于分辨不清而困惑，不知道怎么办。
19.	失意	shī yì		失望，不如意。
20.	排忧解难	pái yōu jiě nàn		排除忧虑，解除危难。
21.	顾忌	gùjì	（动）	害怕对人或对事情不利而有顾虑。
22.	深切	shēnqiè	（形）	真诚而亲切。
23.	牵扯	qiānchě	（动）	牵连；有联系。
24.	假想	jiǎxiǎng	（动）	想象；假设。
25.	诚挚	chéngzhì	（形）	诚恳真挚。

注 释

1　在座

泛指在聚会和宴会的座位上。如：我有事来晚了，向在座的各位来宾表示道歉。

2　有成

书面语，成功。如：事业有成。

3　代名词

替代某种名称、词语或说法的词语。

4　番

量词，回；次；遍。如：思考一番、他的一番话令我感动。

5　平平

形容词，不好不坏，很平常。如：成绩平平、表现平平。

6 何等

用感叹的语气表示很不一般。如：他们生活得何等幸福！

7 甘于

甘心于；情愿。如：甘于牺牲自己。

8 迷津

使人迷惑的错误道路。"指点迷津"意思是为犯错误的人指出正确的方向。

9 天使

宗教中指神的使者，形象多为带翅膀的少女或小孩子，现在常用来比喻天真可爱的人（多指女子或小孩子）。

10 无所

没有什么。如：无所不为、无所不在、无所顾忌、无所作为。

11 以至于

连词。用在后一句话的开头，表示由于某种情况程度很深而形成的结果。如：事情变化这么快，以至于很多人都感到惊奇。

课 文

痛苦的游戏

字数：975字　　阅读时间：8分钟　　答题时间：20分钟

一次，朋友聚会时，有一位正在某个心理咨询培训班学习的朋友提出要和我们大家玩一个游戏。他发给在座的每个人一张纸片，请大家在上面写下五件自认为是最珍贵的东西，比如生命、爱情、朋友等。最后他请大家一定要以认真的态度对待。

我认真地考虑了一下，在自己的纸片上写下了：丈夫、女儿、快乐、满足感、父母。然后这位朋友请大家考虑放弃其中的一个，我轻轻地划去了"满足感"。我在这里写下的"满足感"，其实是"事业有成"的代名词。从小所受的教育告诉我：碌碌无为是悲哀的。所以尽管只是一个中学教员，我还是希望能从小事做起，在平凡的工作中做出一番成绩来。然而，工作上的"满足感"并不是我生活的全部，就算工作上表现平平，我至少还拥有我的家人和快乐，他们于我是何等重要！尽管这样宽慰着自己，心里隐隐约约地还是有些郁闷：毕竟我不是一个甘于平凡的人。我开始觉得这是一个不太好玩儿的游戏。

　　接下来朋友请大家在剩下的四件中放弃两件。我一下子蒙了：放弃哪一个好像都是不可能的，我请求说游戏可不可以就此结束了。朋友说，那怎么行？哪有半途而废的道理？忍痛割爱吧。真的，我的心里好痛苦、好矛盾。我以一种歉疚、负罪的心情划去了"快乐"和"父母"。亲爱的爸妈，如果你们能够看到这篇文章，就请你们原谅女儿吧，毕竟你们不可避免地要先我而去。而"快乐"，是我一直都在争取拥有和保持的一种心情，没有了它，我的生活会不会变得灰暗？

　　然而这游戏还没有结束！朋友请大家在最后的两件中划去一件，保留最后一件。这真是太残忍了！我的丈夫和女儿，我怎么可能舍弃他们中的任何一个！我的丈夫，我生命中最亲密的伴侣，在我迷惘时为我指点迷津，在我失意时为我排忧解难，我的生命中不能没有他！而我的9个月大的小女儿，集聚了我所有的希望的小天使，她的天真的笑脸，她的无所顾忌的大哭，都是那样深切地牵扯着我的心。不！我的生命中也不能没有她！如果要我选择舍弃他们中的哪一个，就让我先舍弃自己吧。

　　游戏结束了，而我却陷入一种复杂的心情中。原来，生命中的至爱，在我心中的分量远远超过了我的想象。我的家人，我的事业，我的快乐心情，对于我都是那么重要，以至于尽管只是一个个假想的"放弃"，仍然让我感觉痛苦和沉重。

尽管如此，我却觉得这是我所参加的最有意义的游戏。让我们更诚挚地去爱、去珍惜吧，在我们还拥有的时候！

(选自《读者》，罗小俊文)

练 习

1. 根据课文内容判断正误：

(1) 作者前不久参加了一个心理咨询培训班。　　　　　　　(　)

(2) 事业有成、有满足感对作者来说并不太重要。　　　　　(　)

(3) 作者是个中学教师，但工作中表现平平。　　　　　　　(　)

(4) 在作者自认为最珍贵的东西中，她忍痛舍弃的只有"快乐"和"父母"。　　　　　　　　　　　　　　　　　　　　　　(　)

(5) 作者肯定不是一个孝顺的女儿。　　　　　　　　　　　(　)

(6) 作者宁愿舍弃丈夫和自己也不愿舍弃孩子。　　　　　　(　)

(7) 虽然只是做游戏，但仍使作者感到极大的痛苦。　　　　(　)

(8) 作者认为这个游戏既痛苦又不好玩儿，意义也不大。　　(　)

2. 根据课文内容回答问题：

(1) 他们在聚会时做了一个什么游戏？

(2) 作者自认为最珍贵的东西是什么？

(3) 作者为什么首先划掉了"满足感"？

(4) 对自己的工作，作者是什么态度？

(5) 丈夫和女儿在作者生命中占据什么地位？

(6) 作者对这个游戏有何感受？
_____

(7) 对你来说生活中最珍贵的东西是什么？你最不能放弃的是什么？
_____

3. 解释下列句子中画线部分的意思：

(1) 我在这里写下的"满足感"，其实<u>是"事业有成"的代名词</u>。

(2) 我还是希望能<u>从小事做起</u>，<u>在平凡的工作中做出一番成绩来</u>。

(3) 就算工作上表现平平，我至少还拥有我的家人和快乐，<u>他们于我是何等重要</u>！

(4) <u>我一下子蒙了</u>：放弃哪一个好像都是不可能的。

(5) 朋友说，那怎么行？<u>哪有半途而废的道理</u>？<u>忍痛割爱</u>吧。

(6) 亲爱的爸妈，如果你们能看到这篇文章，就请你们原谅女儿吧，<u>毕竟你们不可避免地要先我而去</u>。

(7) 我的丈夫，我生命中最亲密的伴侣，<u>在我迷惘时为我指点迷津</u>，<u>在我失意时为我排忧解难</u>，我的生命中不能没有他！

(8) 我的家人，我的事业，我的快乐心情，对于我都是那么重要，以至于尽管只是一个个<u>假想</u>的"<u>放弃</u>"，仍然让我感觉痛苦和沉重。

4. 根据课文内容，选择合适的词语填空：

(1) 他发给_____的每个人一张纸片，请大家在上面写下五件自_____是最珍贵的东西。

    A. 座位   B. 座上   C. 在座   D. 坐下

    A. 认为   B. 认识   C. 觉得   D. 感觉

(2) 然后这位朋友请大家考虑_____其中的一个，我轻轻地划去了"满足感"。

    A. 放掉   B. 放下   C. 丢掉   D. 放弃

(3) 我在这里写下的"满足感"，_____是"事业有成"的代名词。
　　A. 就是　　　B. 其实　　　C. 即是　　　D. 真实

(4) 从小所_____的教育告诉我：碌碌无为是悲哀的。
　　A. 受　　　　B. 得　　　　C. 上　　　　D. 学

(5) _____只是一个中学教员，我还是希望能从小事做_____，在平凡的工作中做出一番成绩来。
　　A. 尽管　　　B. 不管　　　C. 但是　　　D. 如果
　　A. 起　　　　B. 始　　　　C. 开　　　　D. 来

(6) 就算工作上表现_____，我至少还拥有我的家人和快乐，他们于我是_____重要！
　　A. 平常　　　B. 往常　　　C. 常常　　　D. 平平
　　A. 何等　　　B. 很多　　　C. 何必　　　D. 必定

(7) 亲爱的爸妈，如果你们能够看到这_____文章，就请你们原谅女儿吧，毕竟你们不可避免地要先我而去。
　　A. 片　　　　B. 篇　　　　C. 个　　　　D. 件

(8) 而"快乐"，是我一直都在争取拥有和_____的一种心情，没有了它，我的生活会不会变得_____？
　　A. 保护　　　B. 保持　　　C. 保存　　　D. 保养
　　A. 灰暗　　　B. 暗暗　　　C. 灰色　　　D. 灰白

(9) 我的丈夫和女儿，我怎么可能舍弃他们中的_____一个！
　　A. 如何　　　B. 任何　　　C. 所有　　　D. 其中

(10) 原来，生命中的至爱，在我心中的_____远远超过了我的想象。
　　A. 重量　　　B. 质量　　　C. 数量　　　D. 分量

快读部分

生　词

1. 孤独　　gūdú　　　　（形）　独自一个人；孤单。
2. 浪漫　　làngmàn　　（形）　富有诗意，充满幻想。
3. 神圣　　shénshèng　（形）　极其崇高而庄严。
4. 字眼　　zìyǎn　　　（名）　用在句子中的字或词。
5. 干扰　　gānrǎo　　　（动）　使事情不能顺利进行；打扰。
6. 徘徊　　páihuái　　（动）　在一个地方来回地走；犹豫不决。
7. 冷酷　　lěngkù　　　（形）　冷淡苛刻。
8. 宣泄　　xuānxiè　　（动）　将心中的痛苦、愤怒完全表露出来。
9. 忧郁　　yōuyù　　　（形）　忧伤，愁闷。
10. 寂寞　　jìmò　　　　（形）　孤单冷清。
11. 辉煌　　huīhuáng　　（形）　光辉灿烂。
12. 从容　　cóngróng　　（形）　不慌不忙。
13. 忙碌　　mánglù　　　（形）　事情多，不得闲。
14. 瞬间　　shùnjiān　　（名）　极短时间；转眼之间。
15. 喜悦　　xǐyuè　　　　（形）　愉快；高兴。
16. 休闲　　xiūxián　　　（动）　休息；过清闲生活。
17. 时尚　　shíshàng　　（名）　当时流行的生活方式。
18. 琢磨　　zuómo　　　　（动）　思索；考虑。
19. 深奥　　shēn'ào　　　（形）　（道理、含义）高深不易了解。
20. 准则　　zhǔnzé　　　（名）　说话、做事所依据的原则。

21.	谴责	qiǎnzé	（动）	责备。
22.	倘若	tǎngruò	（连）	表示假设，同"如果"。多用于书面语。
23.	品位	pǐnwèi	（名）	物品的质量；欣赏的水平。
24.	消遣	xiāoqiǎn	（动）	做喜欢做的事情来度过空闲时间。
25.	麻将	májiàng	（名）	一种牌类娱乐用具。

注 释

1 啥

方言词，什么。比如：今天中午吃啥？你干啥工作？

2 按摩（ànmó）

用手在人身上推、按、捏、揉等。课文里说的是美容按摩。

3 瓢泼（piáopō）大雨

指很大的雨。瓢泼，像用瓢泼水一样，形容雨大。

4 摩托（mótuō）车

装有发动机的两轮或三轮车。（motorcycle）

5 焕发

光彩四射。如：精神焕发、容光焕发。

6 困兽

被困住不能活动的野兽，比喻陷于绝境的人（多指坏人）。

7 漫无边际

非常广阔，一眼望不到边。边际，边界。

8 大年初一

指农历正月初一，中国传统的春节。

9 自然而然

很自然地。如:他在这里工作了许多年,自然而然适应了这里的生活。

10 筑长城

课文中比喻打麻将。

11 苦差(chāi)事

被派去做辛苦或没什么好处的事情。

12 悉听尊便(xī tīng zūn biàn)

客气话,意思是完全听对方的意见或完全照对方的想法去办。

课文(一)

与时间面对面

字数:828字　　阅读时间:4分钟　　答题时间:12分钟

从上高中起,我就觉得"孤独"是个浪漫而又神圣的字眼。那些死了还让人们记住名字的人,生前就常用"孤独"来概括自己的生存状态。

近几个月,公司进行人员调整,终于让我有机会实现多年的梦想。整天我都不受干扰,想干啥就干啥,也就是说,我终于有时间"孤独"了!第一个月,我坚持不说一句话、不见一个人,每天站在窗前欣赏风吹树叶"哗啦、哗啦"的响声,然后泡上一杯绿茶,光着脚坐在木地板上看书。第二个月,我发现时间开始无聊地徘徊,屋里整洁安静得像是没人在这儿住,家具们都冷酷无情地待在它们该待的地方。我有时也躺在沙发上给朋友们打电话,不过他们都太忙了,没空儿陪我说话。

最可怕的是第三个月,老公的工作忙了起来,常常不回家吃晚饭。我那像拧开的水龙头一样涌向他的话突然失去了宣泄的对象，我忧郁地想，和社会最后一点儿联系都断了。

　　书也看不下去了，每天在心里说："啊，寂寞。啊，寂寞。"这时，寂寞是一种物质，像一个苹果或一个人那样看得见摸得着。它从四面八方袭来，我只好选择逃离。有一个傍晚——在经历了一整个不说话、不见人的白天后，老公打电话说他仍然不回家吃饭，我就决定去一家陌生的美容院看看。我出了门，在一家灯火辉煌的餐厅饱餐了一顿，然后从从容容享受了两个小时的美容按摩。这个夜晚手机一次都没响起，没有人知道我去了哪里，也没有人关心我去了哪里。离开美容院时下起了瓢泼大雨，街上没有行人，我冒雨骑着我的小摩托车回家。回到家我伤心极了。镜子中的我容光焕发，美容做得好极了，不过没有一个人来欣赏。睡到半夜才发觉老公睡在床上。有位哲学家说过："人不能两次踏进同一条河流。"我伤心地想：对于老公，我就是一条不流动的河流，早上他离家时看到的我和夜里睡在床上的我，有什么两样？

　　现在，有关"孤独"和"寂寞"的梦想早没了影子，整天与时间面对面，没有什么比这更可怕的了。我现在就像是一头困兽，被漫无边际的时间包围着。我想冲出去，冲出时间，冲出孤独，冲出寂寞！

（选自《三联生活周刊》，麦李文，有改动）

练 习

1. 根据课文内容选择正确答案：

（1）作者为什么现在可以"孤独"了？

　　A. 她终于实现了自己的梦想

　　B. 她早就觉得"孤独"既浪漫又神圣

　　C. 她有了休假的机会

　　D. 她失业了

(2) 在"孤独"的日子里,作者常常做的事文中没提到哪一项?
　　A. 读书　　　　　　　　　B. 打扫房间
　　C. 给朋友打电话　　　　　D. 欣赏窗外的风景

(3) 文中提到的那个傍晚,作者最后为什么跑出去了?
　　A. 太寂寞了,她受不了了　　B. 她要去一家餐厅吃晚饭
　　C. 她需要做美容按摩　　　　D. 她想找一个可以说话的地方

(4) 作者为什么觉得自己现在像一头困兽?
　　A. 她不能随便外出　　　　B. 她因下雨而不能出门
　　C. 她需要整日做家务　　　D. 她"孤独"的时间太多了

2. 根据课文内容回答问题:

(1) 以前作者为什么喜欢"孤独"?

(2) 第一个月的"孤独"生活作者是怎样度过的?

(3) 第二个月作者是怎样度过的?

(4) 第三个月作者为什么觉得可怕?

(5) 作者为什么要选择逃离"孤独"?

(6) 逃离的那个夜晚,作者是怎样度过的?

(7) 作者为什么觉得自己是一条不流动的河流?

(8) 现在作者对"孤独"、"寂寞"有何感受?

3. 选择对下列画线词语或句子的恰当解释：

(1) 整天我都不受干扰，<u>想干啥就干啥</u>。

    A. 想一想该做什么   B. 想做什么事情都可以做

(2) 我那<u>像拧开的水龙头一样涌向他的话</u>突然失去了宣泄的对象。

    A. 开始说话   B. 说不完的话

(3) 它<u>从四面八方袭来</u>，我只好选择逃离。

    A. 从各个方向打击我   B. 完全使我习惯

(4) 镜子中的我<u>容光焕发</u>，美容做得好极了，不过没有一个人来欣赏。

    A. 很明亮   B. 很漂亮

(5) <u>人不能两次踏进同一条河流</u>。

    A. 事情总是在不停地变化   B. 人总是缺乏耐心

(6) 有关"孤独"和"寂寞"的梦想早<u>没了影子</u>。

    A. 具体地存在   B. 完全不见了

课 文 （二）

放 松 自 己

字数：834字   阅读时间：4.5分钟   答题时间：8分钟

每个人都有放松自己的方法，有的人越累越去游泳、打网球；有的人去一个谁也不认识的小酒馆喝酒；而有些人只想回家。那些回家的人，远远地赶回去，摸出钥匙打开家门，闻到熟悉的气味……这感觉，说是回家了，更像把自己从一个远的地方找了回来。

忙碌的人，一天在外要扮各种各样的脸，热脸、冷脸、恶脸、苦脸……有几张脸是自己的？不知道。很多人会在打开门的一瞬间放松。放松是喜悦的开始。我大概不属于这种人，有一个原因：没那么忙。尤其在外边没那么忙。一个不忙的人应该少说放松或休闲这种时尚的话题。

有个多年老友，每天坚持跑一万米，四百米的跑道跑25圈。每天都跑，大年初一也跑。我问过他一个很不是问题的问题："累不累？"

他回答的话让我几天都在琢磨。他说："跑，累；不跑，更累。"我当时就没有听懂这话，但没继续问他（我有对深奥的话语不懂装懂的毛病）。分手后我开始想：为什么不跑反而更累呢？跑了累，是体力上的累。不跑怎么会累？哪儿累？比如今天有风不跑了，多睡会儿吧。一个人放弃了一种准则，中断应该进行的事，会怎么样？谴责自己，一天都觉得不是滋味。你没去跑，你找了个借口逃避了，不是风的问题，而是你没有力量。这种累从心里生出来，赶也赶不去。不跑更累指的是心累吧。

一个人的心要是累了，比体力上的累更难以忍受，我自己也有这样的体会。我没干过什么重要的大事，但每天总想着要干一点儿，如果两三天什么也没干，会有种特殊的感觉出现：闲的时候反而更累。

一个需要放松的人，他先需要受累，倘若他从来就没有累过，那也谈不上什么休闲了。

休闲的品位也不在于形式，比如跑一万米，跑过之后，自然而然地得到一种宁静，得到一种内心的平静。

再说每个人休闲的方式也不同。有的人一有时间就以"筑长城"为消遣，而有的人则认为打麻将是世间最累的事；有人视做饭为苦差事，有人却觉得最能放松自己的事就是做饭。

如果你感到身心疲惫，就赶快想办法放松一下自己，至于如何放松，那就悉听尊便了。

(选自《放松的境界》，邹静之文，有改动)

练 习

1. 根据课文内容判断正误：

(1) 放松的方法因人而异，相差颇大。　　　　　　　　　（　　）

(2) 作者认为最好的放松方法是回到家里。　　　　　　　（　　）

(3) 心累往往比体力上的累容易忍受。　　　　　　　　　（　　）

(4) 作者的朋友每天跑完一万米后都感到心累。　　　　　（　　）

(5) 放松的方式并不重要，只要能得到内心的平静。　　　（　　）

(6) 对某些人来说，做饭就是放松的最佳方式。　　　　　（　　）

2. 根据课文内容回答问题：

(1) 作者是怎么理解朋友说的"跑，累；不跑，更累"这句话的？

────────────────────────────────

(2) 你怎么理解"心累"？

────────────────────────────────

(3) 在生活中，你常常怎样放松自己？

────────────────────────────────

第八课　Lesson 8

细读部分

生　词

1.	细菌	xìjūn	（名）	微生物的一大类，体积微小，必须用显微镜才能看见。（germ；bacterium）
2.	消毒	xiāo dú		用物理或化学方法杀死致病的微生物。
3.	莫名其妙	mò míng qí miào		表示事情很奇怪，使人不明白。
4.	过敏	guòmǐn	（动）	身体受药物或其他刺激产生不正常现象。
5.	哮喘	xiàochuǎn	（动）	气喘，发病时呼吸困难。
6.	一旦	yídàn	（副）	指不确定的时间，表示有一天。
7.	腹泻	fùxiè	（动）	指排便次数增多，大便稀薄或呈水状。
8.	肝炎	gānyán	（名）	一种疾病，肝脏的炎症。（hepatitis）
9.	免疫	miǎnyì	（动）	由于具有抵抗力而不患某种传染病。
10.	系统	xìtǒng	（名）	同类事物按一定的关系组成的整体。
11.	微生物	wēishēngwù	（名）	生物的一大类，形体微小。如细菌、真菌、病毒等。（microbe）
12.	细胞	xìbāo	（名）	生物体的基本结构和功能单位。（cell）
13.	几率	jīlǜ	（名）	概率；可能性。
14.	抵抗力	dǐkànglì	（名）	身体内抵抗病毒侵害的能力。

15.	起码	qǐmǎ	（形）	不能比这更少的；最低限度。
16.	人满为患	rén mǎn wéi huàn		人员过多，成为灾难。
17.	大蒜	dàsuàn	（名）	一种蔬菜，味辣，常当作料。（garlic）
18.	发霉	fā méi		东西长霉斑或变质。
19.	举报	jǔbào	（动）	向有关单位检举报告（坏人坏事）。
20.	投诉	tóusù	（动）	向有关部门或有关人员申诉。

注　释

1　谁知

没人知道，表示很意外。常用于口语。如：我以为他和朋友去了上海，谁知他一个人去了西安。

2　翻案

指推翻原来的结论、评价等。

3　转而

表示改变原来事情的方向。如：遭到小王拒绝后，他转而请求老张帮助。

4　和平共处

原指国家与国家之间的正常关系。这里指相互没有妨碍，同时存在。

5　草木皆兵

原意是把草和树都当成敌方的军队。现用来形容惊慌时疑神疑鬼，对什么都怀疑、担心。

6　拌凉菜

把生冷的蔬菜加调料拌和。

第八课 / Lesson 8

课　文

不干不净，不爱生病

字数：881字　　阅读时间：7.5分钟　　答题时间：22分钟

"不干不净，吃了没病。"这句"没有科学道理"的古话被批判了多年之后，已经没有多少人相信了。谁知，在21世纪的今天，最新研究结果却为这句老话翻了案：不干不净，不爱生病！

在物质文明不断发展的同时，人们在饮食方面越来越讲究干净了。食品中的细菌总数都有规定，家庭的餐具要经过严格消毒，喝水也是纯净水，似乎生活是越来越安全了。然而同时，人们也发现了很多莫名其妙的疾病，过敏症、哮喘病患者越来越多。更有一些人变得适应能力很差，一旦出门在外，不是患腹泻就是患肝炎。这到底是怎么回事呢？

专家们开始以为这些疾病是污染物质造成的，然而经过反复研究，排除各种因素之后，发现真正的原因是饮食生活太洁净造成的免疫系统异常。原来，人体的免疫系统具有抵抗微生物的能力，但它必须有一定的外来刺激才能正常、活跃地工作。若是从小生活环境太洁净，免疫系统无事可做，其功能便会退化，或是功能低下，或是转而攻击人体的正常细胞。调查发现，越是过分讲究卫生的家庭，孩子患过敏症和哮喘病的几率就越大；那些在乡村中玩泥巴长大的孩子反而抵抗力很强，身体很健康。

人体的肠道中就生活着十亿个细菌，人体的皮肤表面也有一层微生物保护着我们。其实真正对人体有害的微生物只是极少数，大部分可以与我们和平共处，有些微生物对健康还大有益处，何必要草木皆兵呢？人所共知的一个常识是：在无菌箱里养大的小白鼠，一旦接触外界的空气，很快就会死亡。人类若是把自己所接触的一切都消毒消得干干净净，结果不是一样吗？

有的家庭因为害怕细菌，每日十几遍地洗手，反复蒸煮碗筷，把蔬菜洗得软烂，非纯净水不饮，非消毒的餐具不用等，都是毫无必要的。

然而，人体的免疫系统并不能抵挡所有的病菌和污染物，文明社会的起码卫生习惯仍然应当提倡。在人满为患的都市中，病菌的传播机会是很多的，空气污染也十分严重。因此，出门归来之后应立即洗手、洗脸，接触钞票、公用电话之后也应洗手。夏天拌凉菜多放些醋，出门在外吃点儿生大蒜，都是保证饮食安全的方式。若是发现购买的食物有发霉、变味现象，千万不可食用，而要积极地举报投诉。

(选自《中国妇女》，范稚红文，有改动)

练 习

1. 根据课文内容判断正误：

(1) 本文的主要内容是倡导大家不要讲究饮食卫生。　　　　　( )

(2) 在中国，一直没有多少人相信"不干不净，吃了没病"这句老话。( )

(3) 过于讲究饮食卫生有害无利。　　　　　　　　　　　　　( )

(4) 实践证明，"不干不净，吃了没病"这句老话并不是没有科学道理。　　　　　　　　　　　　　　　　　　　　　　　　( )

(5) 不讲究饮食卫生一定会导致多种疾病的发生。　　　　　　( )

(6) 过于讲究卫生会导致免疫系统不能正常、活跃地工作。　　( )

(7) 绝大多数微生物对人体并不会有什么伤害，不必过于担心。( )

2. 根据课文内容回答问题：

(1) "不干不净，不爱生病"这句话是什么意思？

(2) 现代饮食生活习惯跟以往相比有何变化？
　　_____

(3) 过于讲究饮食卫生有何不良后果？
　　_____

(4) 我们应该怎样看待微生物？
　　_____

(5) 是不是没必要讲究饮食卫生了？为什么？
　　_____

3. 根据课文内容，选择合适的词语填空：

(1) 在物质文明不断发展的同时，人们在饮食方面越来越_____干净了。
　　A. 要求　　　B. 讲究　　　C. 清楚　　　D. 厉害

(2) 食品中的细菌总数都有规定，家庭的餐具要经过_____消毒。
　　A. 严厉　　　B. 严肃　　　C. 严格　　　D. 严谨

(3) 更有一些人_____适应能力很差，_____出门在外，不是患腹泻_____患肝炎。
　　A. 变得　　　B. 变化　　　C. 改变　　　D. 变成
　　A. 即使　　　B. 虽然　　　C. 就是　　　D. 一旦
　　A. 而是　　　B. 或者　　　C. 即是　　　D. 就是

(4) 专家们开始_____这些疾病是污染物质_____的，然而经过反复研究，_____各种因素之后，发现真正的原因是饮食生活太洁净造成的免疫系统异常。
　　A. 观点　　　B. 以为　　　C. 结论　　　D. 看法
　　A. 造成　　　B. 形成　　　C. 成果　　　D. 结果
　　A. 除了　　　B. 去掉　　　C. 排除　　　D. 清除

(5) 越是_____讲究卫生的家庭，孩子患过敏症和哮喘病的几率就越大。
　　A. 过分　　　B. 十分　　　C. 万分　　　D. 超过

(6) 那些在乡村中玩泥巴长大的孩子_____抵抗力很强,身体很健康。
   A. 相反　　　B. 相对　　　C. 反常　　　D. 反而

(7) 人体的皮肤表面也有一层微生物_____着我们。
   A. 保护　　　B. 保持　　　C. 保养　　　D. 养护

(8) 然而,人体的免疫系统并不能抵挡所有的病菌和污染物,文明社会的_____卫生习惯仍然应当提倡。
   A. 全部　　　B. 基础　　　C. 部分　　　D. 起码

(9) 在人满为患的都市中,病菌的传播_____是很多的,空气污染也十分严重。
   A. 时间　　　B. 机会　　　C. 时机　　　D. 时候

(10) _____发现购买的食物有发霉、变味现象,_____不可食用,而要积极地举报投诉。
   A. 就是　　　B. 而是　　　C. 若是　　　D. 既是
   A. 千万　　　B. 万一　　　C. 一万　　　D. 十万

4. 根据课文内容,选择合适的词语填空:

草木皆兵　莫名其妙　人所共知　毫无必要　人满为患
和平共处　大有益处

(1) 然而同时,人们也发现了很多_____的疾病,过敏症、哮喘病患者越来越多。

(2) 其实真正对人体有害的微生物只是极少数,大部分可以与我们_____。

(3) 有些微生物对健康还_____,何必要_____呢?

(4) _____的一个常识是:在无菌箱里养大的小白鼠,一旦接触外界的空气,很快就会死亡。

(5) 有的家庭非纯净水不饮,非消毒的餐具不用等,都是_____的。

(6) 在_____的都市中,病菌的传播机会是很多的,空气污染也十分严重。

第八课 Lesson 8

快读部分

生 词

1. 根深蒂固　gēn shēn dì gù　　比喻基础稳固，不容易动摇。
2. 矿物质　　kuàng wùzhì　　　地壳中存在的自然化合物和少数自然元素。（mineral）
3. 蛋白质　　dànbáizhì　　（名）天然的高分子有机化合物，是构成生物体活质的最重要的部分。（protein）
4. 脂肪　　　zhīfáng　　　（名）能供给人体中所需的大量热能。（fat）
5. 顾虑　　　gùlǜ　　　　（动）害怕对自己、对别人或对事情不利而不敢照自己本意说话或行动。
6. 以身作则　yǐ shēn zuò zé　　用自己的行动做榜样。
7. 环顾　　　huángù　　　（动）向四周看。
8. 联想　　　liánxiǎng　　（动）由于某人或某事物而想起其他相关的人或事物。
9. 给予　　　jǐyǔ　　　　（动）（书面语）给。
10. 生气　　　shēngqì　　 （名）生命力；活力。
11. 朝气　　　zhāoqì　　　（名）精神振作、力求进取的气概。
12. 品尝　　　pǐncháng　　（动）仔细尝（味道）。
13. 光顾　　　guānggù　　 （动）商家表示客气，称客人来到。
14. 杀害　　　shāhài　　　（动）杀死；害死。
15. 奴隶　　　núlì　　　　（名）为奴隶主劳动而没有人身自由的人。
16. 剥夺　　　bōduó　　　 （动）强行夺去。
17. 扪心自问　ménxīn zì wèn　　摸摸胸口，自己问自己。表示反省。

18.	人道	réndào	（形）	符合人类共同的道德观念，如爱护生命、尊重权利。
19.	心甘情愿	xīn gān qíng yuàn		心里非常愿意。
20.	号啕大哭	háotáo dà kū		形容大声地哭。
21.	心安理得	xīn ān lǐ dé		自信事情做得合理，心里很坦然。
22.	熙熙攘攘	xīxīrǎngrǎng	（形）	形容人来人往，非常热闹。

注　释

1　素食主义者
提倡吃素的人。

2　无须
不用；不必。如：无须操心、无须大惊小怪。

3　和尚
出家修行的男佛教徒。

4　尼姑
出家修行的女佛教徒。

5　寿星
指长寿的人。

6　不乏
不缺少，表示有相当数量。多用于书面语。如：具有这种能力的不乏其人。

7　奥林匹克
指奥林匹克运动会（the Olympic Games），简称奥运会。

8 纪录

在一定时期、一定范围以内记载下来的最高成绩。如：打破纪录、创造新的世界纪录。

课　文

食素，一种时尚

字数：1216字　　阅读时间：6分钟　　答题时间：18分钟

一种新的饮食革命正在悄悄兴起。"素食主义者"在北京正越来越普遍。前几日，一个好朋友带我去了一家素食餐厅，让我第一次感受了素食的滋味。

我一直根深蒂固地相信，不吃许多肉类，我们不可能得到足够的营养，但是，最近这种观念受到了冲击。有科学研究证明，事实正好相反，人体所需的矿物质、蛋白质、糖类、脂肪四大方面综合比较，植物要比肉类含量高出很多。

看到我好奇又新鲜的样子，朋友笑着启发我说："在这里吃东西时，无须顾虑所吃的东西是否有病死的可能，这是多么愉快的事啊！"她边吃边说："这与时髦和高消费没有任何关系。日常生活中，我将尽可能以身作则，证明唯有素食的人，才会有健康、清醒和洁净的生活。素食产生的是性情上的改变和净化……"

我环顾四周，墙壁上挂着许多世界闻名的作家、艺术家、科学家、哲学家等名人画像及文字介绍，他们都是素食者。我一一认真地看过，素食的人真多，历史真悠久。

提到素食，我就会立刻联想到和尚、尼姑。事实上，"素食"（vegetarian）这个词并非来自于蔬菜（vegetable），而是来自拉丁文字

(vegetave)。意思是说,给予生气,使人有朝气。起初,我认为吃素就是吃青菜,其实餐厅里也有以鸡、牛、羊命名的各种"肉",只不过都是用米、小麦、豆腐干、豆腐皮、黑枣、玉米等加工而成的,颜色好看,味道很好,很香。

我国百岁寿星里,不乏素食爱好者。据说,很多世界著名的奥林匹克长跑选手,在比赛前都要很长一段时间食素。许多创造世界纪录的运动员也是素食者。

科学的素食观最突出的一点是强调素食的健脑作用。现在人们一提到健康,往往只是考虑健身,而没有把健脑考虑进去。以前,食品主要是为了解决肚子饿或品尝的问题,满足胃或者舌头的需要。今后,这种饮食习惯会逐步改变,人们更看重提高智力,使头脑长时间保持良好的状态,有益头脑的食品自然会大受欢迎,而据说素食就有这样的作用。

素食餐厅的老板向我这样第一次光顾的客人赠送了一本素食书,并强调说:"所有生命都是神圣的,最重要的,在非必要的情况下,我们不应该杀害生命,即使是动物的生命。一个人不要把动物看成奴隶或是食物,而应当把它们当成兄弟姐妹,我们无权造成它们的苦难,或是残忍地剥夺它们的生命。"

听了他的话,我想,既然吃素我们可以活得更为健康,那么就应该扪心自问,吃肉类究竟人道不人道?很显然,动物并非心甘情愿舍弃它们的生命,所以吃它们的肉,的确是件残忍的事。我们的小狗或小猫死了,我们会号啕大哭,而每天有几百万只动物不必要地被杀死,难道我们就心安理得?

"食素容易吗?"我问。店老板说:"最初尝试食素时,你会有点儿困难,但比你想象的容易得多。但改变饮食习惯得慢慢来,要坚持下去。"

走出素食店,面对熙熙攘攘的人群,我憧憬着一种新的生活习惯

（即食素）所能带来的种种改变与益处。我笑着对朋友说："说不定以后食素会对环境保护、动物保护尽一份功劳呢。"朋友笑着说："其实，你已经在做了……"

（选自《东方明星》，马晓颖文，有改动）

练 习

1. 根据课文内容判断正误：
(1) "素食主义者"在北京已经相当普遍了。　　　　　　　　　( )
(2) 过去作者对"素食"抱有偏见。　　　　　　　　　　　　( )
(3) 科学研究证明，素食的人不会有健康、清醒和洁净的生活。( )
(4) 在世界名人中，"素食主义者"不乏其人。　　　　　　　( )
(5) 这家素食餐厅并非只有素菜，也有肉类食物。　　　　　　( )
(6) 据说素食不但可以健身，而且还有健脑的特殊功效。　　　( )
(7) 当一个"素食主义者"比我们想象的要容易。　　　　　　( )

2. 根据课文内容回答问题：
(1) 作者以前对素食有何看法？

_____

(2) 素食餐厅供应什么食物？

_____

(3) "素食"这个外来词的原意是什么？

_____

(4) 食素有何益处？

_____

(5) "素食主义者"对动物是什么看法？

_____

(6) 养成素食生活习惯容易吗？应该怎么做？

_____

3. 根据课文内容，选择合适的词语填空：

不乏 扪心自问 熙熙攘攘 即 兴起 以身作则
心甘情愿 心安理得 联想 光顾 唯有 的确

(1) 一种新的饮食革命正在悄悄_____。

(2) 日常生活中，我将尽可能_____，证明_____素食的人，才会有健康、清醒和洁净的生活。

(3) 提到素食，我就会立刻_____到和尚、尼姑。

(4) 我国百岁寿星里，_____素食爱好者。

(5) 素食餐厅的老板向我这样第一次_____的客人赠送了一本素食书。

(6) 既然吃素我们可以活得更为健康，那么就应该_____，吃肉类究竟人道不人道？

(7) 很显然，动物并非_____舍弃它们的生命，所以吃它们的肉，_____是件残忍的事。

(8) 而每天有几百万只动物不必要地被杀死，难道我们就_____？

(9) 走出素食店，面对_____的人群，我憧憬着一种新的生活习惯（_____食素）所能带来的种种改变与益处。

4. 根据课文内容，给下列句子填上恰当的补语：

(1) 人体所需的矿物质、蛋白质、糖类、脂肪四大方面综合比较，植物要比肉类含量高_____很多。

(2) 提到素食，我就会立刻联想_____和尚、尼姑。

(3) 现在人们一提_____健康，往往只是考虑健身，而没有把健脑考虑_____。

(4) 最初尝试食素时，你会有点儿困难，但比你想象的容易得_____。

(5) 但改变饮食习惯得慢慢来，要坚持_____。

(6) 走_____素食店，面对熙熙攘攘的人群，我憧憬着一种新的生活习惯（即食素）所能带来的种种改变与益处。

第九课　　Lesson 9

细读部分

生　词

1. 应付　　　yìngfu　　　　　　（动）　对人对事采取措施、办法。
2. 测试　　　cèshì　　　　　　（动）　考查人的知识、能力。
3. 防卫　　　fángwèi　　　　　（动）　防御和保卫。
4. 内行　　　nèiháng　　　　　（形）　对某种事情或工作有丰富的知识和经验。
5. 径直　　　jìngzhí　　　　　（副）　表示直接进行某件事。
6. 报案　　　bào àn　　　　　　　　　把违反法律、危害社会治安的事件报告给公安或司法机关。
7. 现场　　　xiànchǎng　　　　（名）　发生案件或事故的地方。
8. 震惊　　　zhènjīng　　　　　（形）　大吃一惊。
9. 迟疑　　　chíyí　　　　　　（形）　拿不定主意。
10. 忐忑　　　tǎntè　　　　　　（形）　心神不定。
11. 嘀咕　　　dígu　　　　　　（动）　小声说；私下里说。
12. 一刹那　　yíchànà　　　　　（名）　极短的时间。
13. 慌里慌张　huāng li huāngzhāng　　很紧张，很慌张。
14. 真相大白　zhēnxiàng dàbái　　　　事情的真实情况搞清楚了。
15. 经济　　　jīngjì　　　　　　（形）　用较少的人力、物力、时间获得较大的成果。

16.	和盘托出	hé pán tuō chū		比喻全部说出或拿出来。
17.	爽快	shuǎngkuai	(形)	(说话、做事)直接、干脆。
18.	盘问	pánwèn	(动)	仔细查问。
19.	涨潮	zhǎng cháo		潮水升高。
20.	涌	yǒng	(动)	像水流一样大量地冒出。
21.	焦急	jiāojí	(形)	着急。
22.	歹徒	dǎitú	(名)	坏人。
23.	拐	guǎi	(动)	把人骗走。

注释

1 突发事件
很意外的、突然发生的事件。

2 乔(qiáo)装改扮
改变服装和打扮来隐瞒自己的身份。

3 不容
不许；不让。如：不容怀疑、不容拖延、不容乐观。

4 鬼
(多指小孩或动物)机灵；狡猾。如：这孩子鬼得很！

5 派出所
中国公安部门的基层机构，管理户口和基层治安等工作。

6 假戏真做
把假的事情当成真的来做。

7 传达室
机关、学校、工厂等门口管理来客登记和引导来客工作的房间。

| 8 | 老汉

年老的男子。年老的男子也可以以"老汉"自称。

| 9 | 说时迟,那时快

事情很快发生,当时来不及描述。

| 10 | 丢了魂儿

形容慌张,不知如何是好。如:失恋以后,他整天像丢了魂儿一样,什么都没心思做。

| 11 | 好端端

形容情况正常、良好。如:好端端的,有什么可发愁的?

课 文

孩子,你会不会跟陌生人走?(一)

字数:1278字　　阅读时间:10分钟　　答题时间:25分钟

如今,社会变得越来越复杂,孩子们应付突发事件的能力又如何呢?前不久,我们几个记者乔装改扮,深入到多所中小学校测试了一下孩子们的心理防卫能力,结果不容乐观。

武汉　上午11时,我们两位实验者身着警服,走进一所初中。首先与校方联系,一位副校长出来接待,他明白我们的来意后用内行的语气说:"你们不搞教育不知道,现在的学生鬼得很呢,哪那么容易上当!"

我们来到教学楼后面的操场边,指着一位高个子、穿红外套、正观看男生踢球的女孩问:"她叫什么名字?"老师回答:"李玉玲。"

副校长和体育老师按我们的要求避到远处,我们便径直走向李玉玲。

实验者严肃地说:"我们是派出所的,刚才接到你家邻居报案,说看到两个人从你家窗口跳了出来。我们去过现场了,你家门锁着,进不去,请你和我们回去一趟,看看家里是不是被盗了。"

女孩子的眼睛一下子睁圆了,神情震惊。我们说:"快走吧。"转身便向校门口走去。李玉玲迟疑了一下,也沉重地迈开了步子。

我们匆匆走出学校,站在了马路边,一招手,一辆出租车停在了身旁。一位实验者把后门拉开,招呼着李玉玲坐进车里,李玉玲忐忑不安,嘴里不停地嘀咕:"怎么会这样?"我们安慰她说:"不要慌,回家看看情况再说,也不一定有事。"

就在车子将要开动的一刹那,副校长和老师追了出来,二人慌里慌张地拦在了车前,像是怕我们假戏真做似的连声说:"停!停!停!"

真相大白。我们问李玉玲:"你为什么不看我们的证件,也不找老师或同学陪你一起去呢?像你这样上陌生人的车是很危险的。"

李玉玲说:"我一听说家里被盗,当时一下子就蒙了,哪会想到那么多?幸亏这是你们的实验。不过,警察也会有假?"

石家庄 出石家庄火车站,上了出租车,实验者让司机找一个卫生、经济的宾馆,司机说:"成!"

很快,我们知道,这位司机姓袁,儿子正在上初二。

下车时,我们把身份证和任务和盘托出,老袁感到很新鲜,我们趁机说:"老袁,能不能拿你的宝贝儿子作一次实验?"

老袁爽快地答道:"成!"

老袁的独生子袁皓的学校在和平路上。第二天下午3时20分,我们来到了校门口。

一位实验者走进学校,可能是因为他衣帽整齐,传达室的老汉隔着窗玻璃看了看,没有盘问。

下课铃声响起。首先是老师腋下夹着书走了出来,接着学生涨潮似地涌出教室。实验者迅速走到袁皓的教室门口问:"谁是袁皓?"学生们大声帮着叫:"袁皓!"一个脑袋探出了教室:"干啥?"

实验者一把把袁皓拉出教室,焦急地说:"快跟叔叔走,你爸爸翻车刚进了医院。"

这孩子的脸顿时白了:"啊——你怎么知道的?"实验者拉着他就往外走:"我跟你爸爸是一个公司的。"

说时迟,那时快,两人已到了校门口。实验者拉着袁皓走向一辆停在校门口的出租车,说:"上车去见你爸爸。"

袁皓边走边问:"在哪个医院?在哪个医院?"脚下近似小跑。

袁皓丢了魂儿似的上了车,一上车却又蒙了,因为他爸爸好端端地坐在车上。"这叔叔你不认识,就敢跟人家走?"

"我一听说你翻了车就慌了嘛!"

"那也得向老师说说,听老师安排。要是你让歹徒就这样拐跑了,那我可真是翻车了!"

练 习

1. 根据课文内容判断正误:

(1) 本文的主要内容是对记者进行的一次测试。　　　　　　(　)
(2) 那位副校长对学生充满信心,认为学生不会上当。　　　(　)
(3) 现在的学生鬼得很,不容易受骗。　　　　　　　　　　(　)
(4) 当记者正要假戏真做的时候,副校长和老师赶紧制止。　(　)
(5) 李玉玲对警察十分信任。　　　　　　　　　　　　　　(　)
(6) 那个姓袁的司机对让自己儿子作实验很有兴趣。　　　　(　)
(7) 袁皓的父亲真的住进了医院。　　　　　　　　　　　　(　)
(8) 袁皓相信记者所说的一切。　　　　　　　　　　　　　(　)
(9) 袁皓一上车看到他爸爸好端端地坐在车上,就像丢了魂儿似的。(　)
(10) 袁皓的表现使他父亲觉得像是真的翻了车了。　　　　(　)

2. 根据课文内容回答问题：

(1) 记者进行的是什么测试？结果如何？

(2) 那位副校长认为学生会上当吗？

(3) 记者怎么"欺骗"李玉玲？

(4) 李玉玲面对突发事件反应如何？

(5) 李玉玲为什么会轻易跟记者走？

(6) 姓袁的出租车司机愿意合作吗？

(7) 传达室的人为什么没有盘问那位"陌生"的实验者？

(8) 袁皓面对突发事件反应如何？

(9) 袁皓的父亲认为儿子应该怎么做？

3. 解释下列句子中画线部分的意思：

(1) 我们几个记者<u>乔装改扮</u>，深入到多所中小学校测试了一下孩子们的心理防卫能力，<u>结果不容乐观</u>。

(2) 你们不搞教育不知道，现在的学生<u>鬼得很</u>呢，哪那么容易上当！

(3) 李玉玲<u>忐忑不安</u>，嘴里不停地嘀咕："怎么会这样？"

(4) 就在车子<u>将要开动的一刹那</u>，副校长和老师追了出来。

(5) 二人慌里慌张地拦在了车前，<u>像是怕我们假戏真做似的</u>连声说："停！停！停！"

(6) 下车时，我们把身份证和任务<u>和盘托出</u>，老袁感到很新鲜。

(7) 学生涨潮似的涌出教室。

(8) 说时迟，那时快，两人已到了校门口。实验者拉着袁皓走向一辆停在校门口的出租车。

(9) 袁皓丢了魂儿似的上了车，一上车却又蒙了，因为他爸爸好端端地坐在车上。

4. 根据课文内容，选择合适的词语填空：

(1) 我们几个记者乔装改扮，深_____到多所中小学校_____了一下孩子们的心理防卫能力，结果不容乐观。

    A. 到   B. 入   C. 去   D. 进

    A. 测试   B. 考试   C. 实验   D. 采访

(2) 他明白我们的来意后用内行的_____说……

    A. 语气   B. 声音   C. 语音   D. 声调

(3) 副校长和体育老师_____我们的要求避到远处，我们_____径直走_____李玉玲。

    A. 就   B. 对   C. 沿   D. 按

    A. 便   B. 刚   C. 又   D. 由

    A. 向   B. 去   C. 上   D. 到

(4) 女孩子的眼睛一下子_____圆了，神情震惊。

    A. 张   B. 睁   C. 大   D. 开

(5) 李玉玲迟疑了一下，也_____地迈开了步子。

    A. 重重   B. 沉沉   C. 重量   D. 沉重

(6) 我们_____走出学校，站在了马路边，一_____，一辆出租车停在了身旁。

    A. 忙忙   B. 急急   C. 匆匆   D. 慌张

    A. 招手   B. 动手   C. 张手   D. 摆手

(7) 二人慌里慌张地拦在了车前，像是怕我们假戏真做似的_____说："停！停！停！"

　　A. 多声　　　B. 连声　　　C. 一声　　　D. 三声

(8) 我一听说家里被盗，当时一下子就蒙了，哪会想到那么多？_____这是你们的实验。

　　A. 幸亏　　　B. 正巧　　　C. 不巧　　　D. 不幸

(9) 学生涨潮_____涌出教室。

　　A. 似乎　　　B. 相似　　　C. 好像　　　D. 似的

(10) 这孩子的脸_____白了："啊——你怎么知道的？"

　　A. 顿时　　　B. 不时　　　C. 临时　　　D. 有时

(11) 袁皓边走边问："在哪个医院？在哪个医院？"脚下近似_____。

　　A. 短跑　　　B. 小跑　　　C. 赛跑　　　D. 逃跑

快读部分

生　词

1.　曝光　　bào guāng　　　　　　比喻隐秘的事（多指不光彩的）被众人知道。

2.　语塞　　yǔsè　　　（动）　　由于激动、气愤或理亏等原因而一时说不出话。

3.　尴尬　　gāngà　　　（形）　　处境困难，不好处理。也指神态不自然。

4.　缓和　　huǎnhé　　（形）　　（心情、语气、气氛等）较先前放松。

5.	踱	duó	（动）	慢步行走。
6.	残酷	cánkù	（形）	凶狠冷酷。
7.	设防	shèfáng	（动）	设置防卫力量。
8.	悲剧	bēijù	（名）	比喻不幸的遭遇。
9.	思忖	sīcǔn	（动）	细想；推测。
10.	就读	jiùdú	（动）	在某个学校读书。
11.	输血	shū xuè		把血液送入病人体内。
12.	出差	chū chāi		暂时到外地办理公事。
13.	垫	diàn	（动）	暂时替人付钱。
14.	镇定	zhèndìng	（形）	遇到紧急情况不慌乱。
15.	踉跄	liàngqiàng	（动）	走路不稳。
16.	秀气	xiùqi	（形）	长相清秀好看。
17.	煞有介事	shà yǒu jiè shì		好像真有这回事似的。多指大模大样，好像有什么了不起。
18.	不由自主	bù yóu zì zhǔ		由不得自己；控制不了自己。
19.	猛然	měngrán	（副）	忽然；骤然。
20.	耽误	dānwù	（动）	因拖延错过了机会，没能做成某事。
21.	体验	tǐyàn	（动）	通过实践来认识周围的事物；亲身经历。
22.	怨	yuàn	（动）	责怪。

注　释

1　**硬着头皮**

不得已勉强做某事。

2 台词
戏剧角色所说的话，包括对白、独白、旁白。有时也指事先准备好的话。

3 扯起嗓子
放开嗓子大声地喊叫。

4 笑眯（mī）眯
形容微笑时眼睛微微合拢的样子。如：奶奶笑眯眯地打量着孙子。

5 略（lüè）
简单，不多的。如：略有所闻、略作思忖。

6 音乐附中
音乐学院的附属中学。

7 急救室
医院里用于紧急救治的手术室。

课 文

孩子，你会不会跟陌生人走？（二）

字数：1319字　　阅读时间：7分钟　　答题时间：18分钟

济南　我们到解放路一所初中联系，校长没听我们说完就紧张地说："我们学校从来没有过这类事，要曝光吗？"

我们反复强调，我们仅仅是作实验，仅仅是用特殊的方式提醒同学们注意一些问题。校长想了想终于说："那是可以的，不过，我要说清楚，在我校近千名同学中考验一两个人，结果不具有普遍性。"

我们依然身着警服，来到操场。在一群上体育课的学生当中，我们这次选定的"目标"叫刘婷婷。

"你叫刘婷婷吗?"我们一脸严肃地问。

"你们怎么知道我的名字?"没等我们往下说,刘婷婷立即反问。这是我们没想到的,一时语塞。刘婷婷身边的几个男女同学一起注视着我们,令人尴尬。

"我们是派出所的,刚才你家邻居报案……"我们硬着头皮把"台词"背完。

刘婷婷显然有些震惊,但她再次问:"你们怎么知道刘婷婷是我?"只是语气缓和了一些。

不得已,我们说:"是那位老师告诉的。"说完用手指了指在远处踱步的校长和体育老师。刘婷婷忽然扯起嗓子喊刘老师,同学们也喊:"刘老师——"这喊声使操场上的气氛有些紧张,但校长和刘老师却不慌不忙地踱了过来,笑眯眯的……

西安 敲开校长办公室的防盗门,联系作实验的事,我们说:"实验很残酷,对学生的瞬间精神打击很大,但目的正是为了教育学生设防,避免更残酷的悲剧发生。"

校长略作思忖,说了一句令人感动的话:"找我的女儿叶琳作实验行不?"

叶琳就读于一所音乐附中,住校,每周只回家过周末。

到叶琳的教室去找,学生们说可能在宿舍,让一位学生帮忙到宿舍去叫,等了片刻,女生和叶琳走出了宿舍楼。

走上前去,我们用焦急的语气告诉她一个非常不幸的消息:"你妈妈在路上被车撞了,是我们看见后送到医院的,现在正在输血。她说你爸爸出差了,让我们来找你,你赶快回家拿钱去救你妈妈吧,我们带的钱都给你妈妈垫上了,不够。"

没想到叶琳还挺镇定,问:"我妈妈现在在哪个医院?"

"省人民医院急救室。这样吧,小同学,我们有车,干脆送你回家拿钱吧,我们是记者。"实验者掏出一个证件晃了晃。

叶琳连声称谢,那位女生扶着她,一起随实验者快步走出学校。叶琳的脚步像风中的落叶,有些踉跄。

回到家,掏钥匙,开门,进门,让所有人都进门,叶琳丝毫没有想到我们竟会是"歹徒"。

郑州　回到郑州,我们来到一所初中作最后一次实验。

"谁是张伟?"在一间正在上自习课的教室门口,实验者叫出了一个机灵而有几分秀气的男孩。

"你家窗户冒黑烟,失火了!"实验者煞有介事地说,"我们找不到你爸妈,你快跟我们回去。"

"啊?"男孩吃了一惊,不由自主地应了一声:"行!"

实验者抬腿就走,男孩也抬腿就走,一直走到校门外,男孩的脸上除了紧张还是紧张,仿佛一下子丢了魂儿。

实验者打开车门,男孩子上车的一刹那,才猛然想起什么似的,指着一个公用电话亭说:"我得给我爸打个电话。"

"上车用我们的手机打,省得耽误时间。"男孩没再说什么就一头钻进车里。

我们说明是实验以后,张伟的大脑仍处于兴奋状态,他也讲了自己的体验:"心里也知道要查看证件,要向老师报告,可刚才听你一说我一着急,头'嗡'的一声就蒙了,一下子转不过来。也怨现在是白天,如果是晚上,我肯定会查看下证件再跟你们走的。"

(选自《公安月刊》,常义斌文,有改动)

练 习

1. 根据课文内容判断正误:

(1) 在济南某初中,校长因为害怕被曝光而紧张。　　　　　　　(　　)

(2) 校长认为这样的测试结果并不具有普遍意义。　　　　（　　）

(3) 刘婷婷警惕性很高，面对"警察"相当冷静。　　　　（　　）

(4) 实验结束后，那位校长和老师赶紧笑眯眯地安慰刘婷婷。（　　）

(5) 在西安，那位校长不得已就让自己的女儿作实验。　　（　　）

(6) 其实这种实验对学生来说没有任何不良影响。　　　　（　　）

(7) 听到妈妈出事的消息，叶琳一直挺镇静。　　　　　　（　　）

(8) 张伟听到家里失火了一下子就蒙了。　　　　　　　　（　　）

(9) 虽然张伟怀疑实验者，但因为是白天，所以他没查看他们的证件。
　　　　　　　　　　　　　　　　　　　　　　　　　　（　　）

(10) 张伟知道是在作实验时就兴奋起来。　　　　　　　（　　）

2. 根据课文内容回答问题：

(1) 在济南，那位校长为什么紧张？

　———————————————————————————

(2) 面对"警察"，刘婷婷有何反应？

　———————————————————————————

(3) 校长和体育教师为什么"笑眯眯"的？

　———————————————————————————

(4) 在西安，实验者怎么"欺骗"叶琳？

　———————————————————————————

(5) 叶琳面对突如其来的事件表现如何？

　———————————————————————————

(6) 在郑州，面对突发事件，张伟反应如何？

　———————————————————————————

(7) 张伟为什么不查看实验者的证件？

　———————————————————————————

3. 解释下列句子中画线部分的意思：

(1) 这是我们没想到的，<u>一时语塞</u>。

(2)"我们是派出所的,刚才你家邻居报案……"我们硬着头皮把"台词"背完。

(3)刘婷婷忽然扯起嗓子喊刘老师,同学们也喊:"刘老师——"

(4)校长略作思忖,说了一句令人感动的话:"找我的女儿叶琳作实验行不?"

(5)"你家窗户冒黑烟,失火了!"实验者煞有介事地说。

(6)男孩的脸上除了紧张还是紧张,仿佛一下子丢了魂儿。

(7)实验者打开车门,男孩子上车的一刹那,才猛然想起什么似的。

(8)刚才听你一说我一着急,头"嗡"的一声就蒙了,一下子转不过来。

第十课　Lesson 10

细读部分

生　词

1.	屏幕	píngmù	（名）	（电脑、电视等）显示图像的部分。
2.	知觉	zhījué	（名）	感觉。
3.	虚幻	xūhuàn	（形）	主观幻想的；不真实的（形象）。
4.	幻影	huànyǐng	（名）	幻想中的景象。
5.	奇妙	qímiào	（形）	稀奇巧妙。（多用来形容令人感兴趣的新奇事物。）
6.	规矩	guīju	（名）	一定的标准、规则或习惯。
7.	侠	xiá		旧时指有武艺、讲义气、肯舍己助人的人。
8.	倾慕	qīngmù	（动）	非常爱慕。
9.	揭露	jiēlù	（动）	使隐藏的事情公开、显露。
10.	流言	liúyán	（名）	流传的没有根据的话。
11.	截然	jiérán	（副）	形容界限分明，像割断了一样。
12.	约束	yuēshù	（动）	限制使不超出范围。
13.	拘谨	jūjǐn	（形）	（言语、行动）过分谨慎；拘束。
14.	奔放	bēnfàng	（形）	（感情等）尽情流露，不受拘束。
15.	卑微	bēiwēi	（形）	地位低下。
16.	自拔	zìbá	（动）	主动地从痛苦或罪恶中解脱出来。

17.	交错	jiāocuò	(动)	交叉，混杂在一起。
18.	侠义	xiáyì	(形)	指讲义气，愿意舍己助人。
19.	暴力	bàolì	(名)	强制的力量；武力。
20.	冷漠	lěngmò	(形)	冷淡，不关心。
21.	写照	xiězhào	(名)	对事物的描写刻画。
22.	界限	jièxiàn	(名)	不同事物的分界。
23.	障碍	zhàng'ài	(名)	阻挡前进的东西。
24.	引人入胜	yǐn rén rù shèng		引人进入佳境，吸引人。

注 释

1 网虫

指那些过分沉迷于网络、长时间上网的人。

2 泡

没有价值地长时间做某事，故意消磨（时间）。如：一个上午都泡在这里了，什么事也没做成。

3 酸甜苦辣

指各种味道。比喻幸福、痛苦等种种遭遇。

4 键盘

电脑等安有许多键的部分。（keyboard）

5 酷

时髦；帅气。英语 cool 一词的音译。

6 大错特错

极其错误。如：如果你以为他能帮助你，那真是大错特错了。

7　逼人

给人以威胁。如：寒气逼人、形势逼人、才气逼人。

8　大失所望

非常失望。如：她早就听说那个地方风景很美，去了以后却大失所望。

9　知情者

知道真实情况的人。

10　盗版

未经版权所有者同意而非法复制。与之相对的是"正版"。

11　生死之交

形容感情极深的朋友。

12　鼠标

电脑的指点式设备。（mouse）

课　文

网　虫　状　态

字数：1162字　　阅读时间：10分钟　　答题时间：22分钟

　　网虫就是那种每天都忍不住想上网泡几个小时的人，上网已经成为他们生活的一部分。我也可以算半条网虫。两年前，在我一个人常住北京的日子里，我每天晚上的生活是看完新闻后就打开电脑，和网上无数的人一起体验着生活的酸甜苦辣，眼睛紧盯着屏幕上的文字，手指机械地敲打着键盘，忘记了手已变得麻木和没有知觉，分不清虚幻与现实。

　　很少有人在网上用自己的真实姓名。在这个世界上，几乎每个网虫都拥有两个名字，一个是生活中用的名字，父母给起的；另一个是自己起的，网上专用。网虫大都喜爱后者，名字用英文、中文、数字都无所谓，有一点是最重要的，那就是名字一定要酷，有个性，要让其他网虫看了永远忘不了。常见的酷名有"老狼"、"伤心客"、"西门吹雪"、"幻影"，等等。

如果你没上过网，就很难体会网虫的感受。一位初次上网的女孩用过网上的聊天程序后，惊奇地说："太奇妙了，这就像乡下人第一次乘电梯的感觉。"

如果以为网上只谈论电脑的事那就大错特错了，网上谈论和涉及的内容，可能在平时生活中你永远不会开口，但在网上，没有人会看到你脸红。

网虫们都有独特的说话方式，他们把电子邮件称做"伊妹儿"，把所有女性都称为"美眉"，新手上网不懂规矩，可以向各位"大虾"请教。"大虾"即"大侠"，由于网虫们总是弯着腰坐在电脑前，更像"大虾"。新词语还在不断创造之中，只要够酷就能流行。

在网上，别人看不见你长得怎样，对你的感受只能通过你在网上的言行。有的美眉并不漂亮，但才气逼人，让所有男网虫倾慕；有的网上情人在真实生活中会面，结果双方都大失所望；有的美眉被知情者揭露："他是男的。"也有的美眉被流言所迫，只好自报身份："我真的是女的。"

网虫的表现和生活中的他可能是截然不同的。由于没有任何的约束，拘谨的人在网上可以表现得热情奔放，地位卑微的人在网上可以受到全国网虫的尊敬。许多网虫朋友在网上相识，真的见面后都大为惊讶，和想象中相差甚远，以至于问："你不是盗版的吧？"许多发表在网上的文章生动地记录了这一过程。

"泥巴"（MUD），是一种网上永远不会结束的游戏，游戏中的人物全部由上网者扮演。

许多第一次玩"泥巴"的新手会惊奇，怎么没有图画，只有一行行的文字？这是什么意思？但很多人会从此不能自拔。这个远古和未来交错的世界，充满了友情、侠义和暴力。和生活中的电脑游戏不同，你永远不可能知道下面会发生什么，你可以成为世界上任何一个人，你可以做想做的任何事。而你在"泥巴"里的生死之交可能只是隔壁住着的冷漠邻居。

夜深了，世界上无数个角落里的男男女女伴随着喀嚓作响的鼠标声上网了，开始了网上生活。这是一些网虫的真实写照。

在网虫的世界里，地理的界限消失了，人与人之间变得没有了距离，一切真实生活中的障碍都消失了，这正是网络引人入胜之处。

(选自《读者》，李少峰文，有改动)

练 习

1. 根据课文内容判断正误：

(1) 网上生活虽然是一种虚幻世界，却使网虫们不能自拔。　　（　）
(2) 网虫上网的感觉就像乡下人第一次乘电梯的感觉。　　（　）
(3) 网上谈论和涉及的内容都是生活中常谈的。　　（　）
(4) 网上有特定的词汇，只要够酷便会流行开来。　　（　）
(5) 在网上对性别往往难以分辨。　　（　）
(6) 现实生活中拘谨的人在网上可以不再拘谨。　　（　）
(7) 现实生活中的一切在网上似乎失去了作用。　　（　）
(8) 在"泥巴"里，你可以随心所欲地扮演各种角色。　　（　）

2. 根据课文内容回答问题：

(1) 什么是"网虫"？

(2) 作者当年独居北京时的生活是怎样的？

(3) 什么是网名？起网名最重要的是什么？
_____

(4) 初次上网会有什么感觉？
_____

(5) 为什么把"大侠"称为"大虾"？
_____

(6) 在网上女士被称做什么？
_____

(7) 网虫们的网上表现与现实生活中是否都一致？
_____

(8) "泥巴"是一种什么样的游戏？
_____

(9) 你是网虫吗？你对网络有何感受？
_____

3. 根据课文内容，选择合适的词语填空：

(1) 打开电脑，和网上无数的人一起_____着生活的酸甜苦辣。
　　　A. 经验　　　　B. 体验　　　　C. 感想　　　　D. 味道

(2) 眼睛_____盯着屏幕上的文字，手指机械地_____打着键盘。
　　　A. 紧　　　　　B. 狠　　　　　C. 牢　　　　　D. 抓
　　　A. 弹　　　　　B. 按　　　　　C. 敲　　　　　D. 拍

(3) 如果你没上过网，就很难体会网虫的_____。
　　　A. 感受　　　　B. 感激　　　　C. 感动　　　　D. 觉得

(4) 一位初次上网的女孩用过网上的聊天程序后，惊奇地说："太_____了，这就像乡下人第一次乘电梯的感觉。"
　　　A. 奇怪　　　　B. 奇妙　　　　C. 美好　　　　D. 好奇

第十课
Lesson 10

(5) 网上谈论和_____的内容，可能在平时生活中你永远不会开口。
  A. 关系   B. 有关   C. 关联   D. 涉及

(6) 由于没有_____的约束，拘谨的人在网上可以_____得热情奔放。
  A. 任何   B. 如何   C. 几何   D. 任意
  A. 表示   B. 表情   C. 展示   D. 表现

(7) 许多网虫朋友在网上相识，真的见面后都_____惊讶。
  A. 大为   B. 大大   C. 变为   D. 作为

(8) 你在"泥巴"里的生死_____可能只是隔壁住着的冷漠邻居。
  A. 之间   B. 关系   C. 相关   D. 之交

(9) 一切真实生活中的障碍都_____了，这正是网络引人入胜_____。
  A. 消灭   B. 灭绝   C. 失去   D. 消失
  A. 之处   B. 地方   C. 原因   D. 理由

4. 解释下列句子中画线部分的意思：

(1) 网虫就是那种每天都忍不住想上网泡几个小时的人，上网已经成为他们生活的一部分。<u>我也可以算半条网虫</u>。
(2) 如果以为网上只谈论电脑的事那就<u>大错特错</u>了。
(3) 有的美眉并不漂亮，<u>但才气逼人</u>，<u>让所有男网虫倾慕</u>。
(4) 有的<u>网上情人</u>在真实生活中会面，结果双方都<u>大失所望</u>。
(5) 有的美眉<u>被知情者揭露</u>："他是男的。"
(6) 也有的美眉<u>被流言所迫</u>，只好<u>自报身份</u>："我真的是女的。"
(7) 网虫的表现和生活中的他可能是<u>截然不同</u>的。
(8) <u>拘谨的人在网上可以表现得热情奔放</u>，地位卑微的人在网上可以受到<u>全国网虫的尊敬</u>。
(9) 许多网虫朋友在网上相识，真的见面后都<u>大为惊讶</u>，和想象中相差甚远，以至于问："你不是<u>盗版</u>的吧？"
(10) 一切真实生活中的障碍都消失了，<u>这正是网络引人入胜之处</u>。

121

快读部分

生　词

1. 客户　　　kèhù　　　　　（名）　商业贸易方面往来的顾客；客商。
2. 打工　　　dǎ gōng　　　　　　　做工。（多指临时的。）
3. 层次　　　céngcì　　　　（名）　由于大小、高低等不同形成的差别。
4. 素质　　　sùzhì　　　　 （名）　一个人所具有的内在的能力和修养。
5. 文凭　　　wénpíng　　　 （名）　毕业证书。
6. 硕士　　　shuòshì　　　 （名）　学位的一种。大学毕业后读硕士研究生成绩合格后授予。
7. 应邀　　　yìngyāo　　　 （动）　接受邀请。
8. 兼任　　　jiānrèn　　　 （动）　同时担任几个职务。
9. 思维　　　sīwéi　　　　 （名）　分析、综合、判断、推理等认识活动的过程。
10. 主宰　　　zhǔzǎi　　　 （动）　支配；统治；掌握。
11. 插座　　　chāzuò　　　 （名）　电器的插头连接电源的装置。
12. 手足无措 shǒu zú wú cuò　　　　形容举动慌乱或没有办法应付。
13. 携带　　　xiédài　　　 （动）　随身带着。
14. 坐标　　　zuòbiāo　　　（名）　能够确定一个点在空间的位置的一个或一组数，叫做这个点的坐标。
15. 困惑　　　kùnhuò　　　 （形）　感到疑难，不知道该怎么办。
16. 门道　　　méndao　　　 （名）　解决问题的方法。
17. 生硬　　　shēngyìng　　（形）　勉强做的；不自然；不熟练。
18. 反感　　　fǎngǎn　　　 （形）　反对；不满。

19.	夸张	kuāzhāng	（形）	夸大；超过真实的程度。
20.	商榷	shāngquè	（动）	（和别人意见不同时）进行商讨。
21.	不以为然	bù yǐ wéi rán		不认为对，表示不同意。（多含轻视意。）
22.	虚假	xūjiǎ	（形）	跟实际不符合的。
23.	错觉	cuòjué	（名）	由于某种原因引起的不正确的知觉。
24.	气质	qìzhì	（名）	人的个性特点。
25.	反串	fǎnchuàn	（动）	戏曲演员临时扮演自己行当以外的角色。
26.	委曲求全	wěiqū qiú quán		勉强迁就，以求保全；为顾全大局而暂时忍让。

注　释

1　多元化
多种类、多层次的。如：多元化的服务。

2　因特网
又称互联网。（Internet）

3　信用卡
一种可以代替现款的消费凭证。（credit card）

4　粤（yuè）语
广东话，中国的一种方言。

5　全方位
各个方向或位置。如：这项改革计划不只是某个方面的，而是全方位的。

6　外星人
科幻小说、电影中称生活在其他星球上的人。

7 **卡通腔**

卡通片中夸张的说话语调。卡通，cartoon 一词的音译，又称动画片。

8 **颇**

书面语，很；相当。如：颇感兴趣、颇为反感、颇不以为然。

9 **官腔**

当官的人说话的语气。

10 **板寸**

男人一种理得很短的发型。

11 **公关**

公共关系的简称。如：公关部门、公关小姐（从事公关工作的女职员）。

12 **炒鱿鱼**（chǎo yóuyú）

比喻解雇。

13 **跳槽**（tiào cáo）

离开原来的工作单位去别的单位。

课　文

接触新人类

字数：1564 字　　阅读时间：8.5 分钟　　答题时间：14 分钟

多元化的新人类

如果是在公司里，同事们会叫他的外文名字"塞曼"；如果是在因特网上，他的网名又叫"坦克"；如果是去银行办理信用卡，那么，他的名字就是身份证上的姓名"李伟"。

这就是新人类，不同的空间有不同的名字，他们就这样变来变去。

比如说话。如果是手机响了，李伟也许是用粤语交谈，因为对方是广州的一位客户，询问产品展示会的时间是否确定；有时他也用标准的普通话回答，因为对方是北京的一位朋友，告诉他酒店已经订好；如果是办公室的电话响了，他可能会讲一口流利的美式英语，因为对方是美国的公司总部，通知他高级顾问皮特先生将于下星期一到达深圳；如果是宿舍的电话响了，他可能又说一口地道的陕西话，因为对方是在陕西的老父亲，嘱咐他邻居家有个孩子要到深圳打工，让他关照一下。

李伟说："在多元化的时代，社会要求我们具有全方位、多功能的生存能力。"

会说几种语言只是一种表面现象，更深层次的多元化还是表现在新人类的综合素质和社会角色上。

比如文凭，李伟现有的文凭就有电子工程本科毕业证、国际贸易硕士毕业证和剑桥商务英语三级证书。再比如工作，李伟的本职工作是某电信公司深圳市场部的经理。此外，他还应邀兼任香港某公司的市场顾问、某报社电信版的专业指导。

两个脑袋：大脑 + 电脑

你是不是新人类，要看你有几个脑袋。

新人类至少应该有两个脑袋：一个是大脑，一个是电脑，二者共同主宰你的思维、感觉、记忆和活动。

走进郭建平的宿舍，第一感觉是满地电线、插座。他说："电脑是我的第二生活空间，离开电脑，我对这个世界手足无措，好像地球真的不转了。"所以，即使他到外地出差，旅行包里也要携带一台笔记本电脑。郭建平不但工作离不开电脑，而且他的休闲方式也电脑化了，甚至连谈恋爱也是在网上发展起来的。

可以说，新人类的人生坐标就在键盘上。

父亲听不懂儿子的话

小雨的父亲是一位语言学教授,但令他困惑的是,自己却常常听不懂儿子的话。他说:"我儿子讲的是汉语,说的是普通话,可我有时候真听不懂他在说些什么,特别是他给同学打电话的时候,简直像听外星人说话。"

不过时间长了,这位父亲还是听出一些门道。比如"哇噻",常常是用在句首,表示惊讶;"耶"则常常是用在句尾,把话说完后,突然又响亮地"耶"一声,似乎是欢呼、赞成的意思。

在使用英文译音时,儿子坚持标准的英文原版原味,比如"模特儿",儿子叫"毛豆"(model);比如美国电影《泰坦尼克号》里的女主人公"露丝",儿子叫"肉丝"(Rose)。外国音夹在中国话里,听起来特别生硬。

这位父亲很不习惯儿子的说话方式,尤其反感那种夸张的"卡通腔"。他曾就此问题专门跟儿子"商榷"过一次,但儿子颇不以为然,讥讽道:"我还讨厌你那种官腔呢,一听就让人觉得虚假。"

一代人有一代人的语言习惯。新人类和"旧人类"是没有"共同语言"的。

"阿美先生"与"阿强小姐"

阿强和阿美是一对恋人。阿强留着披肩长发,耳朵上还戴着一对耳环。阿美则穿着牛仔,方头鞋,头发几乎接近于板寸。这对恋人站在一起,给人一种强烈的性别错觉。

新人类是超越性别的一代,他们的时尚追求是"中性化",从外在的服装打扮到内在的性格气质,性别反串已成为新人类最酷的标志。所以,所谓新人类,如果单从外表看,男不男,女不女,这就是新人类!

生活在别处

周敏今年27岁,大学毕业五年来,她的人生经历异常丰富。

城市：南昌——广州——顺德——东莞——深圳

工作：中学英语教师——报社广告业务员——酒店公关部长——旅行社导游——食品公司销售经理

周敏说："我从到达广州火车站的那一刻，就把自己彻底推向市场了。这五年来，我在每个城市都是暂住性的。被炒鱿鱼了，没什么说的，再去找工作；干得不开心，那就跳槽，我是不会委曲求全待在一个地方的。"

新人类用来表现生存状态的流行词就是：漂！

（选自《黄金时代》，陈耀明文，有改动）

练 习

1. 根据课文内容选择正确答案：

(1) 新人类的重要标志是什么？

    A. 使用好几个名字　　　　B. 会说好几种语言

    C. 多元化的素质和社会角色　　D. 同时做好几个工作

(2) 李伟的老家在哪儿？

    A. 广东　　B. 陕西　　C. 北京　　D. 深圳

(3) 对新人类来说，最必不可少的东西是：

    A. 文凭　　B. 外语　　C. 电脑　　D. 工作

(4) 爸爸为什么听不懂儿子的话？

    A. 爸爸不懂外语

    B. 儿子使用的不是普通话

    C. 儿子喜欢模仿"卡通腔"

    D. 儿子的话有一些独特的词汇

(5) 新人类生存状态的特点是什么?
　　A. 工作总是不太开心　　　　B. 常常被炒鱿鱼
　　C. 喜欢长期待在一个城市　　D. 不愿意老待在同一个地方

2. 根据课文内容回答问题：

(1) 新人类的多元化表现在什么地方?

(2) 为什么说新人类有两个脑袋?

(3) 你怎么理解"电脑是我的第二生活空间"这句话?

(4) 小雨的父亲对儿子的"语言"有何不满?

(5) 课文里说，新人类和"旧人类"是没有"共同语言"的。你怎么理解这句话?

(6) 为什么称阿美为"先生"，称阿强为"小姐"?

(7) 周敏说："我从到达广州火车站的那一刻，就把自己彻底推向市场了。"你怎么理解这句话?

(8) 新人类为什么喜欢"漂"?

(9) 你对新人类有何看法?

第十一课　Lesson 11

细读部分

生　词

1. 移植　　　　yízhí　　　　（动）　　将一个机体的组织或器官移到另一个机体中，使本来已损坏的组织或器官逐渐长好。
2. 捉摸　　　　zhuōmō　　　（动）　　猜测；预料。（多用于否定句中。）
3. 愣　　　　　lèng　　　　（动）　　因遇到意外的事情而吃惊或发呆。
4. 把握　　　　bǎwò　　　　（名）　　成功的可靠性。（多用于"有"或"没有"之后。）
5. 常规　　　　chángguī　　（名）　　通常的做法。
6. 题材　　　　tícái　　　　（名）　　文章具体描写的生活事件或生活现象。
7. 名正言顺　　míng zhèng yán shùn　　名义正当，道理也讲得通。
8. 编　　　　　biān　　　　（动）　　凭想象创作；编造。
9. 体裁　　　　tǐcái　　　　（名）　　文章的表现形式。（如记叙文、议论文等。）
10. 论证　　　　lùnzhèng　　（动）　　论述并证明。
11. 优势　　　　yōushì　　　（名）　　超过别人的有利条件。
12. 别出心裁　　bié chū xīncái　　　　很独特，与众不同。
13. 体制　　　　tǐzhì　　　　（名）　　组织制度。
14. 阻碍　　　　zǔ'ài　　　　（动）　　使不能顺利通过或发展。
15. 导向　　　　dǎoxiàng　　（动）　　引导方向。

16.	注重	zhùzhòng	（动）	重视。
17.	弊病	bìbìng	（名）	事情存在的毛病、问题。
18.	挖掘	wājué	（动）	挖出；发现。
19.	素材	sùcái	（名）	可用来写文章，但还没有加工、总结的材料。
20.	违背	wéibèi	（动）	违反；不遵守。
21.	措手不及	cuò shǒu bù jí		临时来不及应付。
22.	现行	xiànxíng	（形）	现在实行的。
23.	器官	qìguān	（名）	构成生物体，有独立生理机能的部分。
24.	展望	zhǎnwàng	（动）	对事物发展前途的预测。
25.	前景	qiánjǐng	（名）	将要出现的景象。
26.	拟	nǐ	（动）	设计；起草。

注　释

1 没谱儿

心中没数；没有一定的计划。

2 高考

高等学校招收新生的考试。

3 没底

没有信心；没有把握。如：这次考试能不能及格我心里没底。

4 押

课文中指押题。押题指考试前猜测可能考的题目。

5 科幻

科学幻想。如：科幻小说、科幻电影。

6　大跌眼镜

形容完全没想到，大大出乎意料之外。

7　应试

应付考试。如：应试教育、应试方法。

8　弱智者

智力发育低于正常水平的人。

9　议论文

对人或事物的好坏、是非提出意见的文体。

10　模式

某种事物的标准形式或使人可以照着做的标准形式。如：模式化、教育模式。

11　范文

语文教学中作为学习榜样的文章。

12　环

环节。互相关联的许多事物中的一个。如：这是我们计划中重要的一环。

课　文

高考作文考完了，谁的心里也没谱儿

字数：1176字　　阅读时间：10分钟　　答题时间：16分钟

紧张的高考已经过去了。高三学生李娜说，她心里最没底的就是语文成绩，因为今年的作文出了个"怪题"——《假如记忆可以移植》。"我上了十二年学，从没做过这样的作文！"李娜到现在还像刚拿到考

卷时一样,感到不可捉摸。

说不清自己到底写得好不好

为数不少的考生都有着与李娜相同的感觉,他们一看到作文题先是一愣,随后又觉得也不太难,可写完后却没有把握,说不上自己写得好还是不好。虽然每年的作文题都很难"押",但考生们还是按照"常规"作了一些准备。比如今年要举行国庆周年大庆典,有的考生就在爱国题材上多下点儿工夫。因此,这个充满科幻色彩的作文题令许多人大跌眼镜。李娜说:"这个作文题考的是我们的想象力,可老师从没教过这样的文章该怎么写,恐怕他们自己也没写过吧。"

还有考生认为,这是一个"大反传统"的作文题。张铮同学说:"从写第一篇作文起,老师就告诉我们,作文一定要写真人真事,真实感受,只有真的才是最好的。可高考却让我们名正言顺地'编'作文,而且没有体裁限制,能想象出什么就写什么,我觉得这才叫真实。"

但是,经历了十多年应试教育的考生在突然间有了可以自由发挥、大胆想象的机会时,又是如何表现的呢?

杨清同学在作文里先写了两个"记忆移植"的作用——年轻科学家的经验不够丰富,把老科学家的记忆移植给他们,有利于其迅速成长;把聪明人的记忆移植给弱智者,使他们过上正常人的生活。其后的内容便是论证这些作用的优势。任可同学则干脆写了一篇论"记忆移植"好处的议论文。他们说,同学们基本上都是这么写的,只有个别人写了科幻小说,或别出心裁。整个高中写的都是议论文,大家好像就会写议论文了,可考完后,又很难说清自己写的到底是什么"文"。

学生没有养成良好的写作习惯

对于考生的这些想法,教语文的杨月茹老师说:"作文最能表现学生的语文能力,但我们的教学体制却使不少学生已经习惯于写模式化的文章，阻碍了他们能力的发展。在碰到脱离模式的作文题时，学生就有可能不会在文章中发挥想象，不会合理安排文章的结构。"不过，杨老师也说到，她的同行们都认为这个作文题具有导向意义，提醒学校、老师在以后的教学中更要注重对学生能力和综合素质的培养。

一位家长也感到语文教学中的一些弊病使孩子们没有养成良好的写作习惯，影响了他们在高考中的发挥。他说："我们孩子考试前居然还在背范文，这种习惯在小学时就养成了。老师出个题，学生就从背的'资源'中挖掘可用的素材，完全违背了写作的根本目的，学生也没学会怎样写作文。"

虽然出了个意想不到的作文题，虽然让人有些措手不及，但大家普遍认为这样也好。近几年，现行的教育体制虽然进行了一些改革，但总体上仍然需要学生通过考试来获得升学的机会。高考作为整个教育过程中最关键的一环，应该作出相应的改革，来指导人们在教育观上有所改变。

(选自《精品购物指南》，刘向梅文，有改动)

附：高考作文题

作文（60分）

随着人体器官移植获得越来越多的成功，科学家又对记忆移植进行了研究。据报道，国外有些科学家在小动物身上移植记忆已获得成功。当然，人的记忆移植要比动物复杂得多，也许永远不会成功，但也有科学家相信，将来是能够做到的。假如人的记忆可以移植的话，它将引发你想些什么呢？

请以"假如记忆可以移植"为作文内容的范围，写一篇文章。

注意：

① 写作时可以大胆想象，内容只要与"假如记忆可以移植"有关就符合要求，具体的角度和写法也可以多种多样，比如编写故事，发

表见解，展望前景，等等。②题目自拟。③除诗歌外，其他文体不限。④不少于800字。

练 习

1. 根据课文内容判断正误：

(1) 今年高考作文题大大出乎人们的意料之外。　　　　　　　(　)

(2) 这个充满科幻色彩的作文题考不出学生的水平。　　　　　(　)

(3) 有的家长认为这个"反传统"的作文题影响了孩子在高考中的发挥。　　　　　　　　　　　　　　　　　　　　　　　　(　)

(4) 目前作文教学模式化束缚了孩子们自由发挥的能力。　　　(　)

(5) 这个作文题使人们想到要多写科幻小说。　　　　　　　　(　)

(6) 应试教育促使学生去押题和背范文。　　　　　　　　　　(　)

(7) 今年的高考作文要考查学生对最新科研成果的了解程度。　(　)

(8) 教育体制的改革还未开始，但这个作文题具有导向意义。　(　)

(9) 在高中阶段，作文一般只侧重学生议论文这一文体的写作训练。(　)

(10) 语文老师对出现这样的怪题表示不理解。　　　　　　　　(　)

2. 根据课文内容回答问题：

(1) 对今年的高考作文题，大家有何看法？

(2) 为什么很多考生见到这个作文题会先一愣？

(3) 今年的作文题与往年不同之处在哪里？

(4) 大部分考生是如何写的？

(5) 目前的语文教学存在什么弊端？

(6) 今年的高考作文题有何意义？

3. 根据课文内容，选择合适的词语填空：

只有　过去　具有　随后　不少　获得　养成　注重
仍然　阻碍　如何　经历　充满　令

(1) 紧张的高考已经_____了。高三学生李娜说，她心里最没底的就是语文成绩。

(2) 为数_____的考生都有着与李娜相同的感觉，他们一看到作文题先是一愣，_____又觉得也不太难。

(3) 这个_____科幻色彩的作文题_____许多人大跌眼镜。

(4) _____了十多年应试教育的考生在突然间有了可以自由发挥、大胆想象的机会时，又是_____表现的呢？

(5) 他们说，同学们基本上都是这么写的，_____个别人写了科幻小说，或别出心裁。

(6) 我们的教学体制却使不少学生已经习惯于写模式化的文章，_____了他们能力的发展。

(7) 她的同行们都认为这个作文题_____导向意义，提醒学校、老师在以后的教学中更要_____对学生能力和综合素质的培养。

(8) 一位家长也感到语文教学中的一些弊病使孩子们没有_____良好的写作习惯，影响了他们在高考中的发挥。

(9) 近几年，现行的教育体制虽然进行了一些改革，但总体上_____需要学生通过考试来_____升学的机会。

快读部分

生 词

1. 关注　　guānzhù　　（动）　　关心重视。
2. 以往　　yǐwǎng　　（名）　　从前；过去。
3. 考查　　kǎochá　　（动）　　用一定的标准来检查衡量。
4. 广度　　guǎngdù　　（名）　　（事物）是窄还是广的程度。
5. 创新　　chuàngxīn　　（动）　　创造新的。
6. 参与　　cānyù　　（动）　　参加（计划、讨论、处理）。
7. 现状　　xiànzhuàng　　（名）　　目前的状况。
8. 忽略　　hūlüè　　（动）　　没有注意到。
9. 挫折　　cuòzhé　　（动）　　失败；失利。
10. 伸展　　shēnzhǎn　　（动）　　向一定方向延长或扩展。
11. 不着边际　bù zhuó biānjì　　　　形容言论空泛，不切实际；离题太远。
12. 胡说　　húshuō　　（动）　　说没有根据或没有道理的话；瞎说。
13. 束缚　　shùfù　　（动）　　使受到约束限制；使停留在狭窄的范围里。
14. 时机　　shíjī　　（名）　　具有时间性的机会或条件。
15. 规则　　guīzé　　（名）　　规定出来要大家遵守的制度。
16. 定式　　dìngshì　　（名）　　固定的形式。
17. 约定俗成　yuē dìng sú chéng　　指某种事物的名称或社会习惯因长期以来得到认定而形成。
18. 比喻　　bǐyù　　（动）　　打比方。

19.	评估	pínggū	（动）	评价。
20.	惯例	guànlì	（名）	一向的做法；常规。
21.	珍惜	zhēnxī	（动）	珍重爱惜。
22.	有规可循	yǒu guī kě xún		有一定的规律可以照着去做。
23.	缝	fèng	（名）	接合的地方。
24.	固有	gùyǒu	（形）	本来就有的。

注 释

1 教改
"教育改革"的简称。

2 千军万马过独木桥
比喻许许多多的人都在非常小的范围内追求同一个目标。千军万马，形容非常多的人或雄壮的队伍。独木桥，用一根木头搭成的桥。

3 一朝一夕
一个早晨或一个夜晚，指非常短的时间。如：这样的变化不可能在一朝一夕完成。

4 不对劲儿
不正常。如：我觉得今天他有点儿不对劲儿。

5 没准儿
不一定；说不定。如：没准儿他会同意的。

6 填鸭式（教学）
教师只知道尽可能多地把知识装进学生的头脑，这样的教学方式称为填鸭式教学。

7 关

不容易通过的事情或难以度过的时间。如：学外语先要过语音关。

课 文

别折断孩子想象的翅膀

字数：1147字　　阅读时间：6分钟　　答题时间：16分钟

今年的高考作文题引起了人们的普遍关注，这次作文与以往最大的不同是，不仅考查了学生的写作水平，还考查了学生思想的广度及创新能力，要求学生大胆发挥想象力，对综合能力、知识的广泛性都有要求。参与过语文教改工作的一位姓易的大学老师认为，这样的作文题出现在高考中，具有一定的导向作用。

易老师说："长期以来，教育都是围绕高考这个指挥棒在转，虽然近些年大力提倡素质教育，但千军万马过独木桥的现状却使学校、家长不得不看重学生的分数。"据易老师介绍，有关专家曾经建议，既然现存的升学制度不可能在一朝一夕改变，那么，是否可以在考试内容和方式上作一些改革呢？易老师说："今年高考中的一些变化，说明教育部门已经开始进行尝试了。它将使学校和家长看到，只顾追求高分数，要学生把全部精力都投入到学习中，而忽略了对他们各方面能力的培养，这样的孩子不仅难以应付未来社会的生存环境，还有可能在高考中就遭受挫折，连这一关都要过不去了。"

高考内容在悄悄地变，这也给所有家长提了个醒：从现在起，家长的观念也得变变了。在教育孩子的过程中，要注意挖掘孩子的创造力，别让想象的翅膀还没伸展开就折断了。

易老师说她经常碰到一些家长来咨询，反映孩子总爱说些不着边际的话。"家长往往觉得，两三岁时'胡说'无所谓，可到了五六岁还'胡说',就认为这孩子不对劲儿了。"易老师说,"孩子的思维是没有什么束缚的,想到什么就说什么,这是培养他们想象力的大好时机。可有些家长偏偏要用成年人的思维和行为规则来要求孩子,不许说这,不许做那。结果,慢慢地,这些观念也使孩子形成了一种思维定式,变得懒于运用自己的大脑思考了。反正想知道什么,成人就会给他们一个约定俗成的答案,自己想出来的没准儿还会遭到否定。"

传统教育观念认为,孩子是靠"教"来获取知识的,这不仅使家长在某种程度上阻碍了孩子创造力的发展,更使学校教育完全成为"填鸭式",并且也束缚了一些教育工作者本身的创造力。

近年,高考语文题中也曾经出现过考查学生想象力的内容。有一道小题,要求学生用"时间"做主语,写一个比喻句。据一位参与过高考试卷评估的专家介绍,凡是按照惯例,把时间比喻成"黄金"、"生命",必须要珍惜之类的答案都获得了高分,而"时间就像手里的沙,一点点从指缝间溜走"这样的有些新意的答案却很难得到高分。这就说明,在阅卷老师的头脑里,连学生应该怎么想象也有着一些定式,也是有规可循的。

一道高考的作文题并不能使现行的教育体制和固有的教育观念发生多么大的变化,它只不过是给大家提个醒:高考不只是考知识,也要考能力。如果我们还是紧盯着课本,不给孩子发展能力的空间,不让他们有自己获取知识、训练大脑的机会,那么,他们在高考这一关中出现的问题将越来越多。

(选自《精品购物指南》,潇梅文)

练 习

1. 根据课文内容判断正误:

(1) 虽然提倡素质教育,但高考好像依然是教育的中心。　　　　(　　)

(2) 今年的高考作文题将引起升学制度的改变。　　　　（　）
(3) 学生、家长过于看重分数是由于升学制度造成的。　　（　）
(4) 高考内容的改变提醒家长应改变观念，培养孩子的创造力。（　）
(5) 家长们觉得孩子不应按成年人的行为规则做事。　　　（　）
(6) 孩子缺乏想象力往往是由家长、学校造成的。　　　　（　）
(7) 高考不只是要考知识，还要考多方面的能力。　　　　（　）
(8) "时间就像手里的沙，一点点从指缝间溜走"这样有些新意的答案往往得高分。　　　　　　　　　　　　　　　（　）
(9) 对孩子的想象力不但要注意培养，而且要注意保护。　（　）

2. 根据课文内容，选择合适的词语填空：

偏偏　折断　凡是　形成　关注　发挥　以来　咨询　珍惜　围绕

(1) 今年的高考作文题引起了人们的普遍_____。
(2) 要求学生大胆_____想象力，对综合能力、知识的广泛性都有要求。
(3) 长期_____，教育都是_____高考这个指挥棒在转。
(4) 要注意挖掘孩子的创造力，别让想象的翅膀还没伸展开就_____了。
(5) 易老师说她经常碰到一些家长来_____，反映孩子总爱说些不着边际的话。
(6) 可有些家长_____要用成年人的思维和行为规则来要求孩子。
(7) 慢慢地，这些观念也使孩子_____了一种思维定式，变得懒于运用自己的大脑思考了。
(8) _____按照惯例，把时间比喻成"黄金"、"生命"，必须要_____之类的答案都获得了高分。

3. 解释下列句子中画线部分的意思：

(1) 长期以来，<u>教育都是围绕高考</u>这个指挥棒在转，虽然近些年<u>大力提倡素质教育</u>，但<u>千军万马过独木桥</u>的现状却使学校、家长不得不看重学生的分数。
(2) 在教育孩子的过程中，要注意<u>挖掘孩子的创造力</u>，<u>别让想象的翅膀还没伸展开就折断了</u>。

(3) 家长往往觉得，两三岁时"胡说"无所谓，可到了五六岁还"胡说"，就认为这孩子不对劲儿了。

(4) 结果，慢慢地，这些观念也使孩子形成了一种思维定式，变得懒于运用自己的大脑思考了。

(5) 这就说明，在阅卷老师的头脑里，连学生应该怎么想象也有着一些定式，也是有规可循的。

4. 在你们国家，高等学校入学考试对"语文"这一科目采取什么形式？你认为这种形式有什么优点？存在什么问题？

第十二课　Lesson 12

细读部分

生　词

1.	赴	fù	（动）	到某地去。
2.	前往	qiánwǎng	（动）	去；前去。
3.	取材	qǔcái	（动）	选取材料。
4.	心灵	xīnlíng	（名）	指内心、精神、思想等。
5.	追忆	zhuīyì	（动）	回忆。
6.	纯真	chúnzhēn	（形）	纯洁真诚。
7.	世俗	shìsú	（名）	民间习俗。
8.	挣扎	zhēngzhá	（动）	用力支撑。
9.	孤儿	gū'ér	（名）	失去父母的孩子。
10.	悲惨	bēicǎn	（形）	处境或遭遇极其痛苦。
11.	女佣	nǚyōng	（名）	女仆人。
12.	世道	shìdào	（名）	指社会状况。
13.	艰辛	jiānxīn	（形）	艰苦。
14.	脆弱	cuìruò	（形）	禁不起挫折；不坚强。
15.	质朴	zhìpǔ	（形）	朴实；不造作。
16.	灵性	língxìng	（名）	智慧；聪明才智。
17.	清新	qīngxīn	（形）	新颖不俗气。

18.	熏陶	xūntáo	（动）	在生活习惯、思想行为、品行学问等方面因长期接触而逐渐产生好的影响。
19.	沟通	gōutōng	（动）	使双方能互相了解；进行交流。
20.	扮演	bànyǎn	（动）	（戏剧、电影中）化装成某个角色进行表演。
21.	敏感	mǐngǎn	（形）	对外界事物反应很快。
22.	笼罩	lǒngzhào	（动）	像笼子一样罩在上面。
23.	怀旧	huáijiù	（动）	怀念往事或旧时的朋友。
24.	插曲	chāqǔ	（名）	配在电影、电视剧中的歌曲。
25.	嗓音	sǎngyīn	（名）	说话或唱歌的声音。
26.	伤感	shānggǎn	（形）	因感触而悲伤。
27.	离别	líbié	（动）	比较长久地分开。

注 释

1 始于

从某个时候开始。如：两国的友好建交始于50年前。

2 以……见长

在某方面表现出特长。如：马丁各项汉语技能都很好，尤以口语见长。

3 社会底层

社会的最低阶层。

4 好（hào）吃懒做

只想享受，很懒惰，不愿劳动。

5 不公

不公道；不公平。如：分配不公、办事不公。

6 予以

书面语，动词，给；给以。如：对贫困地区予以适当照顾；对不正确的做法予以批评。

7 海峡两岸

特指大陆与台湾。

8 情景交融（róng）

感情和景色融合在一起。

9 长亭外，古道边，芳草碧连天

长亭，古代设在路旁的亭子，常用做告别的地方。芳草，香草。碧，青绿色。连天，与天空相接。

课 文

城 南 旧 事

字数：907 字　　阅读时间：8 分钟　　答题时间：13 分钟

《城南旧事》的作者林海音（1919—2001），原名林含英。生于日本，儿时随双亲赴北京。在北京接受中小学教育，后毕业于世界新闻专科学校，任《世界日报》记者。1948 年前往台湾居住。她出版文学作品始于 50 年代中期，以写小说和散文见长。她的大部分作品取材于自己青少年时代在北京所体验过的生活。

《城南旧事》发表于 1960 年。作者在小说出版后记中写道："我是多么想念童年住在北京城南的那些景物和人物啊！我对自己说：

'把它们写出来吧，让实际的童年过去，心灵的童年永存下来。'就这样，我写了一本《城南旧事》。"读这部小说，人们会感觉里面的"北京味儿"很浓很浓，不论是人物对话，还是作者本人的叙述，都是地道的北京话。作者在北京时住过的椿树胡同、帘子胡同、虎坊桥、梁家园，尽是北京城南风光。小说通过作者对往事的追忆，为读者展现了一幅既纯真美好而又凄凉忧郁的老北京的世俗画面。

《城南旧事》讲述一个叫小英子的孩子在小学六年成长期间所看到的成人世界的故事，由五个故事组成。孩子看到的不光有欢乐和热闹的情景，还有在社会底层苦苦挣扎的人物和故事。有疯女人秀贞和孤儿妞儿的悲惨命运；有为了养活眼瞎的母亲和供弟弟上学而去偷东西的男人被抓进牢房的伤心故事；有离开农村来城市当女佣，儿子却因无人照看落水而死，小女儿也被好吃懒做的丈夫卖掉的宋妈的凄凉形象。小英子在感受命运的不公与世道的艰辛中成长、成熟。

《城南旧事》用小英子脆弱而幼小的心灵去感受苦难的现实，而对受苦受难者予以深深的同情。作家用孩子纯洁的眼光去看世界，讲述记忆深处的人物和故事，使小说亲切、质朴，透着灵性和清新。正由于作者的青少年时光大多在北京度过，深受当地文化的熏陶，她的作品对老北京社会生活的把握，对老北京语言的熟练运用及作品的浓浓乡愁，为海峡两岸文学传达着文化意义上的沟通与理解。

该小说曾于20世纪80年代拍成了电影，深受观众的好评。片中主人公小英子的扮演者有一双美丽、会说话的大眼睛，纯真而又敏感地注视着这个世界，并不时发出疑问……整部影片笼罩在一片淡淡的忧郁气氛之中，情景交融，引起了人们浓浓的怀旧的情感。另外片中的插曲也非常动人，"长亭外，古道边，芳草碧连天……"孩子的嗓音唱出了这首伤感的离别之歌。

练 习

1. 根据课文内容回答问题:

(1) 林海音为什么要写《城南旧事》这部小说?
_____

(2)《城南旧事》的主要内容是什么?
_____

(3) 这部小说有何特点?
_____

(4) 根据小说《城南旧事》拍成的电影怎么样?
_____

(5) 根据介绍,你认为该小说或电影让人感动的主要原因是什么?
_____

2. 根据课文内容,用合适的词语填空:

(1) 林海音在北京_____中小学教育,后毕业_____世界新闻专科学校,_____《世界日报》记者。1948年前往台湾_____。

(2) 小说_____作者对往事的追忆,为读者_____了一幅既纯真美好_____凄凉忧郁的老北京的世俗_____。

(3)《城南旧事》_____一个叫小英子的孩子在小学六年成长期间_____看到的成人世界的故事,_____五个故事组成。

(4) 作家用孩子纯洁的_____去看世界,_____记忆深处的人物和故事。

(5) 作者的青少年时光大多在北京_____,_____当地文化的熏陶。

(6) _____小说曾于20世纪80年代_____成了电影,深受观众的_____。

(7) 整部影片_____在一片淡淡的忧郁气氛之中,情景交融,_____了人们浓浓的怀旧的情感。

3. 解释下列句子中画线部分的意思:

(1) 林海音生于日本,<u>儿时随双亲赴北京</u>。

(2) 她出版文学作品始于50年代中期，以写小说和散文见长。

(3) 我对自己说："把它们写出来吧，让实际的童年过去，心灵的童年永存下来。"

(4) 作者在北京时住过的椿树胡同、帘子胡同、虎坊桥、梁家园，尽是北京城南风光。

(5) 孩子看到的不光有欢乐和热闹的情景，还有在社会底层苦苦挣扎的人物和故事。

(6) 小英子在感受命运的不公与世道的艰辛中成长、成熟。

(7) 片中主人公小英子的扮演者有一双美丽、会说话的大眼睛。

快读部分

生词

1.	温存	wēncún	（形）	温柔体贴。
2.	粗暴	cūbào	（形）	粗野，暴躁。
3.	纤细	xiānxì	（形）	非常细。
4.	延伸	yánshēn	（动）	延长，伸展。
5.	试探	shìtàn	（动）	试着探索（某种情况或某个问题）。
6.	隧道	suìdào	（名）	在山中或地下凿成的通路。
7.	运营	yùnyíng	（动）	（车船等）运行和营业。
8.	呼啸	hūxiào	（动）	发出高而长的声音。
9.	短暂	duǎnzàn	（形）	（时间）短。
10.	深沉	shēnchén	（形）	形容程度深。
11.	虔诚	qiánchéng	（形）	恭敬而有诚意。（多指宗教信仰。）

12.	红润	hóngrùn	(形)	红而滋润。（多指皮肤。）
13.	喘息	chuǎnxī	(动)	急促呼吸。
14.	震颤	zhènchàn	(动)	因震动而发抖。
15.	雄壮	xióngzhuàng	(形)	（气魄、声势）强大。
16.	轰鸣	hōngmíng	(动)	发出巨大的声音。
17.	恐惧	kǒngjù	(形)	惊慌害怕。
18.	白净	báijìng	(形)	白而洁净。
19.	回敬	huíjìng	(动)	（受到批评时）用语言回击。
20.	灵巧	língqiǎo	(形)	灵活而巧妙。
21.	寂静	jìjìng	(形)	没有声音，很静。
22.	增添	zēngtiān	(动)	添加；增加。
23.	核桃	hétao	(名)	一种植物的果实，果仁可以吃。
24.	和气	héqi	(形)	态度温和。

注 释

1 默默

副词，不说话；不出声。如：她默默看着我，就是不说话。别人都说得高兴，只有他默默无语。这是个默默无闻（不出名）的小村庄。

2 任意

副词，没有限制，爱怎么样就怎么样。如：任意行动、任意破坏。

3 留步

本来是客套话，用于主人送客时客人请主人不要送出来。课文中的意思是"停留"。

4 心不在焉

心思不在这里，指思想不集中。

5 **胡乱**

　　副词，随便；马虎。常用于口语。如：他胡乱吃了几口饭就出门了。由于事先没有准备，他只好胡乱地说了几句。

6 **震天动地**

　　形容声音非常大，震动很厉害。

7 **乘务员**

　　在火车、轮船和飞机上为乘客服务的工作人员。

8 **喜怒哀乐**

　　指人的各种情感。

9 **挨**

　　动词，多音字。挨（āi）：①顺着（次序），一个接一个。如：挨个儿、挨家挨户。②靠近。如：他住的地方挨着学校；她们挨着窗口朝里看。挨（ái）：遭受；忍受。如：挨骂、挨饿。

10 **配乐诗朗诵**

　　朗诵诗的时候按照内容的需要配上音乐，以增强艺术效果。

课　文

一分钟的小站

字数：1687字　　阅读时间：8分钟　　答题时间：20分钟

　　如果不是有人发明了火车，如果不是有人把铁轨铺进深山，你怎么也不会发现台儿沟这个小村。它和它的十几户乡亲，在大山的深处，从春到夏，从秋到冬，默默地接受着大山任意给予的温存和粗暴。

然而，两根纤细、闪亮的铁轨延伸过来了。它在山间悄悄地试探着前进，弯弯曲曲，曲曲弯弯，终于绕到台儿沟脚下，然后钻进黑暗的隧道，朝着神秘的远方奔去。

不久，这条线正式运营，人们挤在村口，看见那绿色的长龙一路呼啸，带着来自山外的陌生、新鲜的清风，擦着台儿沟的边上匆匆而过。它走得那样匆忙，连车轮发出的声音好像都在说："不停不停！不停不停！"是啊，它有什么理由在台儿沟停下呢？台儿沟有人要出远门吗？山外有人来台儿沟探亲访友吗？还是这里有石油、有金矿？台儿沟，无论从哪方面讲，都不具备挽留火车在它身边留步的力量。

可是，记不清从什么时候开始，列车时刻表上，还是多了"台儿沟"这一站，每晚七点钟，由首都方向开往山西的这列火车在这里停留一分钟。

这短暂的一分钟，搅乱了台儿沟以往的宁静。从前，台儿沟人历来是吃过晚饭就钻被窝，他们仿佛是在同一时刻听到了大山无声的命令。于是，台儿沟那一小片石头房子在同一时刻忽然完全静止了，静得那样深沉，好像在默默地向大山诉说着自己的虔诚。如今，台儿沟的姑娘们刚把晚饭端上桌就坐不住了，她们心不在焉地胡乱吃了几口，扔下碗就开始打扮。她们洗净了一天的黄土、风尘，露出红润的面色，把头发梳得又黑又亮，然后换上最漂亮的衣裳。尽管火车到站时已经天黑，她们还是按照自己的心思，精心打扮着自己。然后，她们就朝村口，朝火车经过的地方跑去。香雪总是第一个出门，隔壁的凤娇第二个就跟了出来。

七点钟，火车喘息着向台儿沟冲过来，接着一阵空哐乱响，车身震颤一下，才停住不动了。姑娘们心跳着涌上前去，像看电影一样，挨着窗口朝里看。只有香雪躲在后边，双手紧紧捂着耳朵。看火车，她跑在最前边；火车来了，她却缩到最后去了。她有点儿害怕它那巨大的车头，车头那么雄壮地喷吐着白雾，仿佛一口气就能把台儿沟吸进肚里。它那震天动地的轰鸣也叫她感到恐惧。在它面前，她简直像一叶没根的小草。

　　那个白白净净的年轻乘务员下车来了。他身材高大，说一口漂亮的北京话。也许因为这一点，姑娘们私下里都叫他"北京话"。"北京话"双手抱住胳膊肘，和她们站得不远不近地说："喂，我说小姑娘们，别离那么近，危险！"

　　"哟，我们小，你就老了吗？"大胆的凤娇回敬了一句。

　　姑娘们一阵大笑，不知谁还把凤娇往前一推，弄得她差点儿撞在他身上。

　　"喂，你们老待在车上不头晕？"

　　"烧水在哪儿？"

　　"开到没路的地方怎么办？"

　　"你们城市里一天吃几顿饭？"

　　"北京话"陷在姑娘们的包围中，快开车了，她们才让出一条路，放他走。他一边看表，一边朝车门跑去，跑到门口，又扭头对她们说："下次吧，下次告诉你们！"他的两条长腿灵巧地向上一跨就上了车，接着一阵叽哩哐啷，绿色的车门就在姑娘们面前沉重地合上了。列车开走了，把她们留在冰冷的铁轨旁边。很久，她们还能感觉到它那越来越轻微的震颤。

　　一切又恢复了寂静，静得叫人伤感。姑娘们走回家去，路上总要为一点儿小事争论不休，然后大家友好地分手。同时，一个叫人兴奋的念头又在她们心头升起：明天，火车还要经过，她们还会有一个美妙的一分钟。

　　哦，这短短的一分钟里，包含着台儿沟的姑娘们多少喜怒哀乐！

　　日久天长，她们又在这一分钟里增添了新的内容。她们开始挎上装满核桃、鸡蛋、大枣的篮子，站在车窗下，抓紧时间跟旅客和和气气地做买卖。她们踮着脚，双臂伸得直直的，把整筐的鸡蛋、红枣举上窗口，换回台儿沟少见的挂面、火柴，以及姑娘们喜爱的发卡、纱巾、丝袜，等等。当然，换到后面提到的这几样东西是要冒着回去挨骂的风险的。

在"做买卖"的同时,香雪有时也抓紧时间向他们打听外面的事,打听北京的大学要不要台儿沟人,打听什么叫"配乐诗朗诵"。有一回她向一位戴眼镜的中年妇女打听能自动开关的铅笔盒,还问到它的价钱。谁知没等人家回话,车已经开动了。她追着它跑了好远,当秋风和车轮的呼啸一同在她耳边回响时,她才停下脚步。

(选自《哦,香雪》,铁凝文,有改动)

练 习

1. 根据课文内容回答问题:

(1) 台儿沟是一个什么样的地方?

(2) 为什么台儿沟没有让火车为它停下的条件?

(3) 列车对台儿沟的姑娘们来说有何意义?

(4) 通过姑娘们跟列车员的对话,我们可以了解到什么?

(5) 火车到达前和离开后,姑娘们的言行有何变化?

(6) 香雪除了做买卖还关心什么?

2. 根据课文内容,选择合适的词语填空:

(1) 如果不是有人_____了火车,如果不是有人把铁轨铺进深山,你_____也不会发现台儿沟这个小村。

    A. 发现   B. 发展   C. 发明   D. 出现

    A. 怎么   B. 什么   C. 哪怕   D. 就是

第十二课
Lesson 12

(2) 两根纤细、闪亮的铁轨_____过来了。
　　A. 延长　　　B. 延续　　　C. 拖延　　　D. 延伸

(3) （铁轨）钻进黑暗的隧道，朝着神秘的_____奔去。
　　A. 方向　　　B. 远方　　　C. 方位　　　D. 远处

(4) （火车）带着来自山外的陌生、新鲜的清风，擦着台儿沟的边上_____而过。
　　A. 匆匆　　　B. 急急　　　C. 急忙　　　D. 赶快

(5) 台儿沟，_____从哪方面讲，都不_____挽留火车在它身边留步的力量。
　　A. 无论　　　B. 尽管　　　C. 即使　　　D. 虽然
　　A. 包含　　　B. 准备　　　C. 具备　　　D. 备有

(6) 可是，_____从什么时候开始，列车时刻表上，还是多了"台儿沟"这一站。
　　A. 记不下　　B. 记不出　　C. 记不了　　D. 记不清

(7) 每晚七点钟，由首都方向_____山西的这_____火车在这里停留一分钟。
　　A. 开去　　　B. 开向　　　C. 走向　　　D. 开往
　　A. 个　　　　B. 列　　　　C. 路　　　　D. 条

(8) 这_____的一分钟，搅乱了台儿沟以往的_____。
　　A. 简短　　　B. 短暂　　　C. 暂时　　　D. 很短
　　A. 默默　　　B. 清静　　　C. 静静　　　D. 宁静

(9) 从前，台儿沟人_____是吃过晚饭就钻被窝，他们仿佛是在同一_____听到了大山无声的命令。
　　A. 历来　　　B. 历史　　　C. 以来　　　D. 经历
　　A. 时钟　　　B. 小时　　　C. 时刻　　　D. 时段

(10) 如今，台儿沟的姑娘们刚把晚饭_____上桌就坐不住了。
　　　A. 端　　　B. 拿　　　C. 放　　　D. 送

(11) _____火车到站时已经天黑，她们还是_____自己的心思，_____打扮着自己。
　　　A. 既然　　B. 但是　　C. 尽管　　D. 如果
　　　A. 遵守　　B. 照看　　C. 关照　　D. 按照
　　　A. 精神　　B. 精心　　C. 精力　　D. 精装

(12) 然后，她们就朝村口，朝火车_____的地方跑去。
　　　A. 经过　　B. 跑过　　C. 走过　　D. 拉过

(13) 他_____高大，说_____漂亮的北京话。
　　　A. 身上　　B. 身材　　C. 身长　　D. 全身
　　　A. 一口　　B. 一句　　C. 一通　　D. 一阵

(14) 也许因为_____，姑娘们_____里都叫他"北京话"。
　　　A. 这一下　B. 这方面　C. 这地方　D. 这一点
　　　A. 私下　　B. 下面　　C. 自己　　D. 私人

(15) "北京话"_____在姑娘们的包围中，快开车了，她们才_____出一条路，放他走。
　　　A. 掉　　　B. 倒　　　C. 陷　　　D. 冲
　　　A. 给　　　B. 让　　　C. 放　　　D. 开

(16) 一切又_____了寂静，静得叫人伤感。
　　　A. 回来　　B. 恢复　　C. 原来　　D. 重复

3. 文学作品讲究生动、形象的描写。在下列描写的句子中，你对哪一句或哪几句印象较深，请指出并说明原因。

(1) 它在山间悄悄地试探着前进，弯弯曲曲，曲曲弯弯，终于绕到台儿沟脚下……

(2) 它走得那样匆忙，连车轮发出的声音好像都在说："不停不停！不停不停！"

(3) 如今，台儿沟的姑娘们刚把晚饭端上桌就坐不住了，她们心不在焉地胡乱吃了几口，扔下碗就开始打扮。

(4) 七点钟，火车喘息着向台儿沟冲过来……

(5) 姑娘们心跳着涌上前去，像看电影一样，挨着窗口朝里看。只有香雪躲在后边，双手紧紧捂着耳朵。

(6) 车头那么雄壮地喷吐着白雾，仿佛一口气就能把台儿沟吸进肚里……在它面前，她简直像一叶没根的小草。

(7) 她们踮着脚，双臂伸得直直的，把整筐的鸡蛋、红枣举上窗口……

生词表
Vocabulary

A

| 埃及 | Āijí | (专名) | 6 |

B

把握	bǎwò	(名)	11
白净	báijìng	(形)	12
摆脱	bǎituō	(动)	4
半途而废	bàntú ér fèi		7
扮演	bànyǎn	(动)	12
伴侣	bànlǚ	(名)	7
报案	bào àn		9
报酬	bàochou	(名)	5
暴力	bàolì	(名)	10
曝光	bào guāng		9
卑微	bēiwēi	(形)	10
悲哀	bēi'āi	(形)	7
悲惨	bēicǎn	(形)	12
悲剧	bēijù	(名)	9
悲伤	bēishāng	(形)	1
奔放	bēnfàng	(形)	10
逼真	bīzhēn	(形)	2
比率	bǐlǜ	(名)	5
比喻	bǐyù	(动)	11
毕竟	bìjìng	(副)	1
弊病	bìbìng	(名)	11
编	biān	(动)	11
变迁	biànqiān	(动)	2
别出心裁	bié chū xīncái		11
剥夺	bōduó	(动)	8
不妨	bùfáng	(副)	5
不惜	bùxī	(动)	6
不以为然	bù yǐ wéi rán		10
不由自主	bù yóu zì zhǔ		9
不着边际	bù zhuó biānjì		11

C

财务	cáiwù	(名)	4
采访	cǎifǎng	(动)	4
参与	cānyù	(动)	11
残酷	cánkù	(形)	9
残忍	cánrěn	(形)	7
测试	cèshì	(动)	9
层次	céngcì	(名)	10
插曲	chāqǔ	(名)	12
插座	chāzuò	(名)	10
尝试	chángshì	(动)	4
常规	chángguī	(名)	11

车水马龙	chē shuǐ mǎ lóng		3
诚挚	chéngzhì	（形）	7
程序	chéngxù	（名）	6
痴心	chīxīn	（名）	5
迟疑	chíyí	（形）	9
憧憬	chōngjǐng	（动）	6
出差	chū chāi		9
出纳	chūnà	（名）	4
触摸	chùmō	（动）	6
喘息	chuǎnxī	（动）	12
创新	chuàngxīn	（动）	11
垂钓	chuídiào	（动）	2
纯真	chúnzhēn	（形）	12
辞职	cí zhí		4
刺激	cìjī	（动）	4
匆匆	cōngcōng	（形）	6
从容	cóngróng	（形）	7
粗暴	cūbào	（形）	12
脆弱	cuìruò	（形）	12
存折	cúnzhé	（名）	4
挫折	cuòzhé	（动）	11
措手不及	cuò shǒu bù jí		11
错觉	cuòjué	（名）	10

D

打工	dǎ gōng		10
大蒜	dàsuàn	（名）	8
歹徒	dǎitú	（名）	9
耽误	dānwù	（动）	9

蛋白质	dànbáizhì	（名）	8
导向	dǎoxiàng	（动）	11
倒映	dàoyìng	（动）	2
嘀咕	dígu	（动）	9
抵抗力	dǐkànglì	（名）	8
地壳	dìqiào	（名）	2
递增	dìzēng	（动）	3
典籍	diǎnjí	（名）	2
点缀	diǎnzhuì	（动）	2
垫	diàn	（动）	9
喋喋不休	diédié bù xiū		6
定居	dìng jū		4
定式	dìngshì	（名）	11
短暂	duǎnzàn	（形）	12
踱	duó	（动）	9

F

发掘	fājué	（动）	6
发霉	fā méi		8
翻阅	fānyuè	（动）	1
烦琐	fánsuǒ	（形）	6
反串	fǎnchuàn	（动）	10
反感	fǎngǎn	（形）	10
防卫	fángwèi	（动）	9
废弃	fèiqì	（动）	2
风化	fēnghuà	（动）	2
风险	fēngxiǎn	（名）	4
奉行	fèngxíng	（动）	5
缝	fèng	（名）	11

负罪	fùzuì	（动）	7		规则	guīzé	（名）	11
赴	fù	（动）	12		瑰丽	guīlì	（形）	2
富裕	fùyù	（形）	5		锅炉	guōlú	（名）	3
腹泻	fùxiè	（动）	8		过敏	guòmǐn	（动）	8
覆盖	fùgài	（动）	3		过瘾	guò yǐn		5

G

H

干扰	gānrǎo	（动）	7		号啕大哭	háotáo dà kū		8
肝炎	gānyán	（名）	8		豪华	háohuá	（形）	2
尴尬	gāngà	（形）	9		好歹	hǎodǎi	（副）	5
戈壁	gēbì	（名）	2		和盘托出	hé pán tuō chū		9
割爱	gē'ài	（动）	7		和气	héqi	（形）	12
根深蒂固	gēn shēn dì gù		8		核桃	hétao	（名）	12
沟通	gōutōng	（动）	12		轰鸣	hōngmíng	（动）	12
孤独	gūdú	（形）	7		红润	hóngrùn	（形）	12
孤儿	gū'ér	（名）	12		呼噜	hūlu	（名）	5
孤苦伶仃	gūkǔ língdīng		1		呼啸	hūxiào	（动）	12
古刹	gǔchà	（名）	3		忽略	hūlüè	（动）	11
古朴	gǔpǔ	（形）	1		忽视	hūshì	（动）	1
古稀	gǔxī	（名）	3		胡说	húshuō	（动）	11
固有	gùyǒu	（形）	11		划一	huàyī	（形）	6
顾忌	gùjì	（动）	7		怀旧	huáijiù	（动）	12
顾虑	gùlǜ	（动）	8		环顾	huángù	（动）	8
拐	guǎi	（动）	9		缓和	huǎnhé	（形）	9
关注	guānzhù	（动）	11		缓解	huǎnjiě	（动）	3
惯例	guànlì	（名）	11		幻影	huànyǐng	（名）	10
光顾	guānggù	（动）	8		慌里慌张	huāng li huāngzhāng		9
广度	guǎngdù	（名）	11		灰暗	huī'àn	（形）	7
归心似箭	guīxīn sì jiàn		1		辉煌	huīhuáng	（形）	7
规矩	guīju	（名）	10		回敬	huíjìng	（动）	12

J

几率	jīlǜ	(名)	8
讥讽	jīfěng	(动)	6
给予	jǐyǔ	(动)	8
继承	jìchéng	(动)	5
寄托	jìtuō	(动)	6
寂静	jìjìng	(形)	12
寂寞	jìmò	(形)	7
家书	jiāshū	(名)	1
假想	jiǎxiǎng	(动)	7
艰辛	jiānxīn	(形)	12
监测	jiāncè	(动)	3
兼任	jiānrèn	(动)	10
简历	jiǎnlì	(名)	4
鉴定	jiàndìng	(动)	5
鉴赏	jiànshǎng	(动)	5
交错	jiāocuò	(动)	10
骄人	jiāorén	(形)	5
焦急	jiāojí	(形)	9
揭露	jiēlù	(动)	10
节俭	jiéjiǎn	(形)	3
节制	jiézhì	(动)	2
节奏	jiézòu	(名)	3
截然	jiérán	(副)	10
届	jiè	(动)	4
界限	jièxiàn	(名)	10
进取	jìnqǔ	(动)	4
经济	jīngjì	(形)	9
警觉	jǐngjué	(名)	6
警惕	jǐngtì	(动)	5
径直	jìngzhí	(副)	9
境地	jìngdì	(名)	6
就读	jiùdú	(动)	9
拘谨	jūjǐn	(形)	10
居然	jūrán	(副)	4
沮丧	jǔsàng	(形)	3
举报	jǔbào	(动)	8
剧增	jùzēng	(动)	3
聚会	jùhuì	(动)	7

K

开朗	kāilǎng	(形)	5
慷慨	kāngkǎi	(形)	3
考查	kǎochá	(动)	11
考古学家	kǎogǔxuéjiā	(名)	6
可观	kěguān	(形)	5
客户	kèhù	(名)	10
垦荒	kěnhuāng	(动)	2
恐惧	kǒngjù	(形)	12
夸张	kuāzhāng	(形)	10
快捷	kuàijié	(形)	1
宽慰	kuānwèi	(动)	7
矿物质	kuàng wùzhì		8
困惑	kùnhuò	(形)	10
扩散	kuòsàn	(动)	2

L

| 浪漫 | làngmàn | (形) | 7 |

牢骚	láosao	（名）	5
冷酷	lěngkù	（形）	7
冷漠	lěngmò	（形）	10
愣	lèng	（动）	11
离别	líbié	（动）	12
礼数	lǐshù	（名）	6
理智	lǐzhì	（名）	6
例外	lìwài	（动、名）	5
联想	liánxiǎng	（动）	8
踉跄	liàngqiàng	（动）	9
灵巧	língqiǎo	（形）	12
灵性	língxìng	（名）	12
陵墓	língmù	（名）	2
留恋	liúliàn	（动）	4
流浪	liúlàng	（动）	5
流言	liúyán	（名）	10
笼罩	lǒngzhào	（动）	12
碌碌无为	lùlù wú wéi		7
绿洲	lǜzhōu	（名）	2
论证	lùnzhèng	（动）	11

M

麻将	májiàng	（名）	7
麻木	mámù	（形）	5
埋葬	máizàng	（动）	2
漫漫	mànmàn	（形）	2
忙碌	mánglù	（形）	7
美誉	měiyù	（名）	2
魅力	mèilì	（名）	5
门道	méndao	（名）	10

扪心自问	ménxīn zì wèn		8
蒙	mēng	（动）	7
朦胧	ménglóng	（形）	3
猛然	měngrán	（副）	9
弥补	míbǔ	（动）	1
迷惘	míwǎng	（形）	7
免疫	miǎnyì	（动）	8
勉强	miǎnqiǎng	（形）	4
灭绝	mièjué	（动）	6
敏感	mǐngǎn	（形）	12
名正言顺	míng zhèng yán shùn		11
摸索	mōsuǒ	（动）	6
莫名其妙	mò míng qí miào		8

N

脑溢血	nǎoyìxuè	（名）	1
内行	nèiháng	（形）	9
能源	néngyuán	（名）	3
拟	nǐ	（动）	11
念头	niàntou	（名）	5
鸟瞰	niǎokàn	（动）	3
奴隶	núlì	（名）	8
女佣	nǚyōng	（名）	12

P

排遣	páiqiǎn	（动）	1
排忧解难	pái yōu jiě nàn		7
徘徊	páihuái	（动）	7
盘问	pánwèn	（动）	9

培训	péixùn	（动）	7
疲惫	píbèi	（形）	3
偏差	piānchā	（名）	6
偏激	piānjī	（形）	5
偏偏	piānpiān	（副）	1
拼搏	pīnbó	（动）	5
频频	pínpín	（副）	6
品尝	pǐncháng	（动）	8
品位	pǐnwèi	（名）	7
品质	pǐnzhì	（名）	4
聘用	pìnyòng	（动）	4
评估	pínggū	（动）	11
凭	píng	（介）	4
屏幕	píngmù	（名）	10

Q

凄凉	qīliáng	（形）	1
奇妙	qímiào	（形）	10
起码	qǐmǎ	（形）	8
气氛	qìfēn	（名）	1
气息	qìxī	（名）	5
气质	qìzhì	（名）	10
器官	qìguān	（名）	11
千姿百态	qiān zī bǎi tài		2
牵扯	qiānchě	（动）	7
前景	qiánjǐng	（名）	11
前往	qiánwǎng	（动）	12
虔诚	qiánchéng	（形）	12
谴责	qiǎnzé	（动）	7

歉疚	qiànjiù	（形）	7
呛人	qiàng rén		6
侵袭	qīnxí	（动）	2
亲昵	qīnnì	（形）	1
轻易	qīngyì	（副）	4
倾慕	qīngmù	（动）	10
清澈	qīngchè	（形）	2
清新	qīngxīn	（形）	12
驱逐	qūzhú	（动）	6
取材	qǔcái	（动）	12

R

人道	réndào	（形）	8
人满为患	rén mǎn wéi huàn		8
溶蚀	róngshí	（动）	2
柔和	róuhé	（形）	6
如出一辙	rú chū yì zhé		5

S

嗓音	sǎngyīn	（名）	12
杀害	shāhài	（动）	8
煞有介事	shà yǒu jiè shì		9
伤感	shānggǎn	（形）	12
商榷	shāngquè	（动）	10
上述	shàngshù	（形）	4
奢侈	shēchǐ	（形）	2
舍弃	shěqì	（动）	7
设防	shèfáng	（动）	9
涉及	shèjí	（动）	1

生词表
Vocabulary

摄	shè		6
伸展	shēnzhǎn	(动)	11
深奥	shēn'ào	(形)	7
深沉	shēnchén	(形)	12
深切	shēnqiè	(形)	7
神圣	shénshèng	(形)	7
生气	shēngqì	(名)	8
生硬	shēngyìng	(形)	10
省事	shěng shì		1
失意	shī yì		7
时机	shíjī	(名)	11
时髦	shímáo	(形)	3
时尚	shíshàng	(名)	7
世道	shìdào	(名)	12
世俗	shìsú	(名)	12
试探	shìtàn	(动)	12
视野	shìyě	(名)	3
收支	shōuzhī	(名)	5
手足无措	shǒu zú wú cuò		10
受罪	shòu zuì		5
舒缓	shūhuǎn	(形)	6
输血	shū xuè		9
束缚	shùfù	(动)	11
爽快	shuǎngkuai	(形)	9
水分	shuǐfèn	(名)	5
瞬间	shùnjiān	(名)	7
硕士	shuòshì	(名)	10
思忖	sīcǔn	(动)	9
思维	sīwéi	(名)	10
肆虐	sìnüè	(动)	2
素材	sùcái	(名)	11
素质	sùzhì	(名)	10
算计	suànji	(动)	5
随心所欲	suí xīn suǒ yù		5
隧道	suìdào	(名)	12
琐事	suǒshì	(名)	3

T

忐忑	tǎntè	(形)	9
倘若	tǎngruò	(连)	7
逃避	táobì	(动)	5
题材	tícái	(名)	11
体裁	tǐcái	(名)	11
体验	tǐyàn	(动)	9
体制	tǐzhì	(名)	11
天然气	tiānránqì	(名)	3
调整	tiáozhěng	(动)	4
挑战	tiǎozhàn	(动)	3
挺拔	tǐngbá	(形)	2
投诉	tóusù	(动)	8
团聚	tuánjù	(动)	1
推托	tuītuō	(动)	5
退缩	tuìsuō	(动)	4
褪色	tuì shǎi		3
妥	tuǒ	(形)	5

W

挖掘	wājué	(动)	11
外遇	wàiyù	(名)	5

蜿蜒	wānyán	(形)	2	侠义	xiáyì	(形)	10
挽留	wǎnliú	(动)	1	纤细	xiānxì	(形)	12
惋惜	wǎnxī	(形)	4	闲暇	xiánxiá	(名)	1
婉言	wǎnyán	(名)	4	现场	xiànchǎng	(名)	9
婉转	wǎnzhuǎn	(形)	2	现行	xiànxíng	(形)	11
王侯	wánghóu	(名)	2	现状	xiànzhuàng	(名)	11
威胁	wēixié	(动)	3	线索	xiànsuǒ	(名)	4
微生物	wēishēngwù	(名)	8	陷阱	xiànjǐng	(名)	5
违背	wéibèi	(动)	11	陷入	xiànrù	(动)	6
唯独	wéidú	(副)	3	享用	xiǎngyòng	(动)	6
尾气	wěiqì	(名)	3	逍遥	xiāoyáo	(形)	5
委曲求全	wěiqū qiú quán		10	消毒	xiāo dú		8
温存	wēncún	(形)	12	消遣	xiāoqiǎn	(动)	7
温柔	wēnróu	(形)	6	消亡	xiāowáng	(动)	6
温馨	wēnxīn	(形)	3	孝顺	xiàoshùn	(动)	3
文凭	wénpíng	(名)	10	孝心	xiàoxīn	(名)	1
问世	wènshì	(动)	6	哮喘	xiàochuǎn	(动)	8
无可厚非	wú kě hòu fēi		6	协调	xiétiáo	(动)	3
无足轻重	wú zú qīng zhòng		4	携带	xiédài	(动)	10
物种	wùzhǒng	(名)	6	写照	xiězhào	(名)	10
				泄气	xiè qì		4
				谢绝	xièjué	(动)	4

X

熙熙攘攘	xīxīrǎngrǎng	(形)	8	心安理得	xīn ān lǐ dé		8
喜悦	xǐyuè	(形)	7	心甘情愿	xīn gān qíng yuàn		8
系统	xìtǒng	(名)	8	心灵	xīnlíng	(名)	12
细胞	xìbāo	(名)	8	心态	xīntài	(名)	4
细菌	xìjūn	(名)	8	醒悟	xǐngwù	(动)	4
细致入微	xìzhì rùwēi		6	兴致勃勃	xìngzhì bóbó		3
呷	xiā	(动)	6	雄壮	xióngzhuàng	(形)	12
侠	xiá		10	休闲	xiūxián	(动)	7

秀丽	xiùlì	（形）	2		毅然	yìrán	（副）	1
秀气	xiùqi	（形）	9		引人入胜	yǐn rén rù shèng		10
虚幻	xūhuàn	（形）	10		隐隐约约	yǐnyǐn yuēyuē		7
虚假	xūjiǎ	（形）	10		应付	yìngfu	（动）	9
宣泄	xuānxiè	（动）	7		应邀	yìngyāo	（动）	10
学历	xuélì	（名）	4		拥有	yōngyǒu	（动）	7
熏陶	xūntáo	（动）	12		涌	yǒng	（动）	9
					优势	yōushì	（名）	11
					优雅	yōuyǎ	（形）	6

Y

					忧郁	yōuyù	（形）	7
压制	yāzhì	（动）	4		幽深	yōushēn	（形）	2
雅趣	yǎqù	（名）	6		犹如	yóurú	（动）	2
延伸	yánshēn	（动）	12		有规可循	yǒu guī kě xún		11
延续	yánxù	（动）	6		诱惑	yòuhuò	（动）	6
岩层	yáncéng	（名）	2		语录	yǔlù	（名）	5
岩洞	yándòng	（名）	2		语塞	yǔsè	（动）	9
掩饰	yǎnshì	（动）	4		郁闷	yùmèn	（形）	7
阳朔	Yángshuò	（专名）	2		怨	yuàn	（动）	9
洋溢	yángyì	（动）	1		怨天尤人	yuàn tiān yóu rén		4
业绩	yèjì	（名）	5		约定俗成	yuē dìng sú chéng		11
一刹那	yíchànà	（名）	9		约束	yuēshù	（动）	10
一旦	yídàn	（副）	8		运营	yùnyíng	（动）	12
一事无成	yí shì wú chéng		4					
依赖	yīlài	（动）	6					

Z

移植	yízhí	（动）	11					
遗传	yíchuán	（动）	5		噪音	zàoyīn	（名）	3
遗物	yíwù	（名）	1		增添	zēngtiān	（动）	12
遗址	yízhǐ	（名）	6		斩钉截铁	zhǎn dīng jié tiě		5
以身作则	yǐ shēn zuò zé		8		展望	zhǎnwàng	（动）	11
以往	yǐwǎng	（名）	11		涨潮	zhǎng cháo		9
异口同声	yì kǒu tóng shēng		5		障碍	zhàng'ài	（名）	10

招架	zhāojià	（动）	6	治理	zhìlǐ	（动）	3
招聘	zhāopìn	（动）	4	钟乳石	zhōngrǔshí	（名）	2
朝气	zhāoqì	（名）	8	众多	zhòngduō	（形）	6
折腾	zhēteng	（动）	4	主管	zhǔguǎn	（动、名）	4
珍爱	zhēn'ài	（动）	3	主宰	zhǔzǎi	（动）	10
珍惜	zhēnxī	（动）	11	注重	zhùzhòng	（动）	11
真相大白	zhēnxiàng dàbái		9	追随	zhuīsuí	（动）	6
斟	zhēn	（动）	1	追忆	zhuīyì	（动）	12
震颤	zhènchàn	（动）	12	准则	zhǔnzé	（名）	7
震惊	zhènjīng	（形）	9	捉摸	zhuōmō	（动）	11
镇定	zhèndìng	（形）	9	咨询	zīxún	（动）	4
挣扎	zhēngzhá	（动）	12	自拔	zìbá	（动）	10
蒸腾	zhēngténg	（动）	1	自如	zìrú	（形）	4
知觉	zhījué	（名）	10	字眼	zìyǎn	（名）	7
脂肪	zhīfáng	（名）	8	阻碍	zǔ'ài	（动）	11
执著	zhízhuó	（形）	5	琢磨	zuómo	（动）	7
植被	zhíbèi	（名）	2	坐标	zuòbiāo	（名）	10
质朴	zhìpǔ	（形）	12				

部分练习参考答案
Answer key to some exercises

第一课　Lesson 1

细读部分

1. 根据课文内容选择正确答案
   (1) B　　(2) C　　(3) A　　(4) D
3. 根据课文内容，选择合适的词语填空
   (1) B　　(2) A　　(3) D　　(4) A　　(5) C　　(6) B
   (7) D　　(8) B　　(9) A　　(10) A　　(11) B

快读部分

1. 根据课文内容判断正误
   (1) ×　　(2) ×　　(3) √　　(4) √　　(5) √　　(6) √
2. 画线连接下列动词与宾语
   挽留客人　　充满向往　　登上列车　　陪伴父母　　尽孝道
   整理遗物　　给予帮助　　斟满酒杯　　患病　　弥补过失

第二课　Lesson 2

细读部分

1. 根据课文内容选择正确答案
   (1) B　　(2) B　　(3) C　　(4) B
2. 根据课文内容判断正误
   (1) ×　　(2) ×　　(3) √　　(4) √　　(5) √　　(6) √
   (7) ×　　(8) ×
4. 根据课文内容，选择合适的词语填空
   (1) C A　　(2) B　　(3) B A　　(4) D　　(5) A C　　(6) A D
   (7) A　　(8) C D

快读部分

2. 根据课文内容填空
   (1) 具有　　(2) 清澈　著名　　(3) 一片　　(4) 上升　经过　形成
   (5) 概括　　(6) 之处　　(7) 仿佛　　(8) 似　　(9) 像　穿过
   (10) 镜　　(11) 倒映　如诗　　(12) 人间　　(13) 而下　　(14) 长达　画卷

167

第三课 Lesson 3

细读部分

1. 根据课文内容选择正确答案
    (1) D   (2) C   (3) A   (4) A   (5) C
2. 根据课文内容判断正误
    (1) √   (2) √   (3) ×   (4) ×   (5) ×   (6) ×
    (7) ×

快读部分

1. 根据课文内容判断正误
    (1) √   (2) √   (3) ×   (4) √   (5) √   (6) √
    (7) √
3. 根据课文内容，选择合适的词语填空
    (1) B   (2) A   (3) D   (4) B   (5) C   (6) D A
    (7) B A

第四课 Lesson 4

细读部分

1. 根据课文内容选择正确答案
    (1) A   (2) A   (3) B   (4) A   (5) B
3. 根据课文内容，选择合适的词语填空
    (1) C   (2) A D   (3) B   (4) A   (5) A D   (6) A
    (7) B   (8) D   (9) A B   (10) B   (11) A   (12) C A

快读部分

课文（一）

1. 根据课文内容判断正误
    (1) √   (2) ×   (3) √   (4) √   (5) ×
3. 根据课文内容，选择合适的词语填空
    (1) 居然   (2) 以为 费   (3) 越发   (4) 偶尔   (5) 而
    (6) 如此 终于   (7) 轻易

课文（二）

1. 根据课文内容判断正误
    (1) ×   (2) √   (3) √   (4) ×   (5) √   (6) √
    (7) √

部分练习参考答案
Answer key to some exercises

第五课　Lesson 5

细读部分

1. 根据课文内容判断正误
   (1) ×　　(2) ×　　(3) √　　(4) √　　(5) √　　(6) √
   (7) ×　　(8) √

3. 根据课文内容，选择合适的词语填空
   (1) C　　(2) B A　　(3) B A　　(4) A　　(5) A　　(6) C A D
   (7) A　　(8) A　　(9) A D　　(10) B D　　(11) A　　(12) B

快读部分

1. 根据课文内容选择正确答案
   (1) B　　(2) D　　(3) D　　(4) B　　(5) C　　(6) C

第六课　Lesson 6

细读部分

1. 根据课文内容选择正确答案
   (1) A　　(2) D　　(3) A　　(4) C

快读部分

1. 根据课文内容判断正误
   (1) √　　(2) √　　(3) √　　(4) √　　(5) ×　　(6) √
   (7) ×　　(8) ×

3. 选择对下列画线词语或句子的恰当解释
   (1) B　　(2) B　　(3) A　　(4) B　　(5) B　　(6) A
   (7) A　　(8) B　　(9) A

4. 根据课文内容，选择合适的词语填空
   (1) 消灭　创造　(2) 迈入　保留　(3) 引起　(4) 大声　(5) 使用
   (6) 甚至　发出　(7) 问世　(8) 想象　(9) 下来　放松　起来
   (10) 匆匆　节奏　(11) 用于　(12) 存在

第七课　Lesson 7

细读部分

1. 根据课文内容判断正误
   (1) ×　　(2) ×　　(3) ×　　(4) ×　　(5) ×　　(6) ×
   (7) √　　(8) ×

4. 根据课文内容，选择合适的词语填空
   (1) C A　　(2) D　　(3) B　　(4) A　　(5) A A　　(6) D A
   (7) B　　(8) B A　　(9) B　　(10) D

169

快读部分

课文（一）

1. 根据课文内容选择正确答案
   (1) D　　(2) B　　(3) A　　(4) D

3. 选择对下列画线词语或句子的恰当解释
   (1) B　　(2) B　　(3) A　　(4) B　　(5) A　　(6) B

课文（二）

1. 根据课文内容判断正误
   (1) √　　(2) ×　　(3) ×　　(4) ×　　(5) √　　(6) √

第八课　Lesson 8

细读部分

1. 根据课文内容判断正误
   (1) ×　　(2) ×　　(3) √　　(4) √　　(5) ×　　(6) √
   (7) √

3. 根据课文内容，选择合适的词语填空
   (1) B　　(2) C　　(3) A D D　(4) B A C　(5) A　　(6) D
   (7) A　　(8) D　　(9) B　　(10) C A

4. 根据课文内容，选择合适的词语填空
   (1) 莫名其妙　　(2) 和平共处　　(3) 大有益处　草木皆兵　(4) 人所共知
   (5) 毫无必要　　(6) 人满为患

快读部分

1. 根据课文内容判断正误
   (1) √　　(2) √　　(3) ×　　(4) √　　(5) ×　　(6) √
   (7) √

3. 根据课文内容，选择合适的词语填空
   (1) 兴起　　(2) 以身作则　唯有　(3) 联想　(4) 不乏　(5) 光顾
   (6) 扪心自问　(7) 心甘情愿　的确　(8) 心安理得　(9) 熙熙攘攘　即

4. 根据课文内容，给下列句子填上恰当的补语
   (1) 出　(2) 到　(3) 到　进去　(4) 多　(5) 下去　(6) 出

第九课　Lesson 9

细读部分

1. 根据课文内容判断正误
   (1) ×　　(2) √　　(3) ×　　(4) ×　　(5) √　　(6) √
   (7) ×　　(8) √　　(9) ×　　(10) ×

部分练习参考答案
Answer key to some exercises

4. 根据课文内容，选择合适的词语填空

(1) B A (2) A (3) D A A (4) B (5) D (6) C A
(7) B (8) A (9) D (10) A (11) B

快读部分

1. 根据课文内容判断正误

(1) √ (2) √ (3) √ (4) × (5) √ (6) ×
(7) × (8) √ (9) √ (10) ×

第十课 Lesson 10

细读部分

1. 根据课文内容判断正误

(1) √ (2) × (3) × (4) √ (5) √ (6) √
(7) √ (8) √

3. 根据课文内容，选择合适的词语填空

(1) B (2) A C (3) A (4) B (5) D (6) A D
(7) A (8) D (9) D A

快读部分

1. 根据课文内容选择正确答案

(1) C (2) B (3) C (4) D (5) D

第十一课 Lesson 11

细读部分

1. 根据课文内容判断正误

(1) √ (2) × (3) × (4) √ (5) × (6) √
(7) × (8) × (9) √ (10) ×

3. 根据课文内容，选择合适的词语填空

(1) 过去 (2) 不少 随后 (3) 充满 令 (4) 经历 如何
(5) 只有 (6) 阻碍 (7) 具有 注重 (8) 养成 (9) 仍然 获得

快读部分

1. 根据课文内容判断正误

(1) √ (2) × (3) √ (4) √ (5) × (6) √
(7) √ (8) × (9) √

2. 根据课文内容，选择合适的词语填空
   (1) 关注   (2) 发挥   (3) 以来 围绕   (4) 折断
   (5) 咨询   (6) 偏偏   (7) 形成   (8) 凡是 珍惜

第十二课 Lesson 12

细读部分

2. 根据课文内容，用合适的词语填空
   (1) 接受 于 任 居住   (2) 通过 展现 而又 画面   (3) 讲述 所 由
   (4) 眼光 讲述   (5) 度过 深受   (6) 该 拍 好评
   (7) 笼罩 引起

快读部分

2. 根据课文内容，选择合适的词语填空
   (1) C A   (2) D   (3) B   (4) A   (5) A C   (6) D
   (7) D B   (8) B D   (9) A C   (10) A   (11) C D B   (12) A
   (13) B A   (14) D A   (15) C B   (16) B